Business Combinations nach IFRS 3

Michael Buschhüter

Business Combinations nach IFRS 3

Bilanzierung von Unternehmenszusammenschlüssen

Michael Buschhüter
London, Großbritannien

ISBN 978-3-8349-4467-2   ISBN 978-3-8349-4468-9 (eBook)
DOI 10.1007/978-3-8349-4468-9

Die Deutsche Nationalbibliothek verzeichnet diese Publikation in der Deutschen Nationalbibliografie; detaillierte bibliografische Daten sind im Internet über http://dnb.d-nb.de abrufbar.

Springer Gabler
© Springer Fachmedien Wiesbaden 2013
Das Werk einschließlich aller seiner Teile ist urheberrechtlich geschützt. Jede Verwertung, die nicht ausdrücklich vom Urheberrechtsgesetz zugelassen ist, bedarf der vorherigen Zustimmung des Verlags. Das gilt insbesondere für Vervielfältigungen, Bearbeitungen, Übersetzungen, Mikroverfilmungen und die Einspeicherung und Verarbeitung in elektronischen Systemen.

Die Wiedergabe von Gebrauchsnamen, Handelsnamen, Warenbezeichnungen usw. in diesem Werk berechtigt auch ohne besondere Kennzeichnung nicht zu der Annahme, dass solche Namen im Sinne der Warenzeichen- und Markenschutz-Gesetzgebung als frei zu betrachten wären und daher von jedermann benutzt werden dürften.

Lektorat: Andreas Funk

Gedruckt auf säurefreiem und chlorfrei gebleichtem Papier

Springer Gabler ist eine Marke von Springer DE. Springer DE ist Teil der Fachverlagsgruppe Springer Science+Business Media
www.springer-gabler.de

Vorwort

Unternehmenszusammenschlüsse oder Mergers & Acquisitions (M&A) gehören zunehmend zum Alltag großer wie mittelständischer Unternehmen. Unternehmenszusammenschlüsse stellen dabei hohe Anforderungen an Erwerber wie Veräußerer, setzt ein erfolgreicher Unternehmenszusammenschluss doch neben dem genauen Verständnis der Geschäftstätigkeit des erworbenen Unternehmens auch Detailwissen auf den Gebieten des Wirtschafts- und Arbeitsrechts, der Steuern, der Unternehmensbewertung und der Rechnungslegung voraus.

Fragen der Rechnungslegung sind dabei für alle Phasen des Unternehmenszusammenschlusses von Bedeutung. Als transaktionsvorbereitende Maßnahme untersucht der Erwerber im Rahmen der sog. Financial Due Diligence die Rechnungslegung des zu übernehmenden Unternehmens. Die Erkenntnisse der Due Diligence gehen in die Kaufpreisverhandlungen ein, die nicht selten bilanzbasierte (bedingte) Kaufpreisanpassungen zur Folge haben. Bei erfolgreichem Abschluss des Unternehmenskaufvertrages müssen schließlich die Vermögenswerte und Schulden des übernommenen Unternehmens in den Abschluss des Erwerbers übernommen werden (sog. Purchase Price Allocation).

Das IASB hat mit IFRS 3 *Business Combinations* eine Sondervorschrift zur Bilanzierung von Unternehmenszusammenschlüssen veröffentlicht, die die Bilanzierung des gezahlten Unternehmenskaufpreises und die erstmalige Erfassung der Vermögenswerte und Schulden des erworbenen Unternehmens aus Erwerbersicht regelt. IFRS 3 gilt, nicht zuletzt aufgrund zahlreicher Querverbindungen zu den allgemeinen Bilanzierungsregeln der IFRS und der Bedeutung von Bewertungsfragen für die richtige Darstellung des Unternehmenserwerbs, als äußerst komplex und erfordert oft, dass Erwerber wie Veräußerer externen Expertenrat zur Hilfe nehmen müssen.

Letzterer bedeutet aber nicht, dass sich die Transaktionsparteien mittels externer Berater der mit dem Unternehmenskauf verbundenen Bilanzierungsfragen entledigen könnten. Die Verantwortung für die Aufstellung eines IFRS-konformen Jahresabschlusses verbleibt bei der Geschäftsleitung, die daher die Regeln zur Bilanzierung von Unternehmenszusammenschlüssen sicher beherrschen muss.

Der vorliegende Kommentar soll den beteiligten Transaktionsparteien und deren Beratern einen detaillierten Überblick über die in IFRS 3 enthaltenen Vorschriften zur Bilanzierung von Unternehmensabschlüssen geben. Ziel ist es hierbei dem Leser das Verständnis der IFRS 3 zugrunde liegenden Prinzipien zu vermitteln und darauf aufbauend die Beantwortung von Bilanzierungsfragen im Einzelfall zu ermöglichen. Aus diesem Grunde gibt der Kommentar zunächst den ungekürzten englischen Originaltext des Standards wieder. Hieran schließt sich dann in einem zweiten Abschnitt die unserem Kommentar zur internationalen Rechnungslegung entnommene und aktualisierte deutsche Kommentierung des Rechnungslegungsstandards an.

Michael Buschhüter

London im September 2012

Inhaltsübersicht

	Seite
Vorwort	5
Englischer Originaltext IFRS 3	9
Kommentierung	41
Literaturverzeichnis	91

International Financial Reporting Standard 3
Business Combinations[1]

Objective

1 The objective of this IFRS is to improve the relevance, reliability and comparability of the information that a reporting entity provides in its financial statements about a *business combination* and its effects. To accomplish that, this IFRS establishes principles and requirements for how the *acquirer*:

    (a)   recognises and measures in its financial statements the *identifiable* assets acquired, the liabilities assumed and any *non-controlling interest* in the *acquiree*;

    (b)   recognises and measures the *goodwill* acquired in the business combination or a gain from a bargain purchase; and

    (c)   determines what information to disclose to enable users of the financial statements to evaluate the nature and financial effects of the business combination.

Scope

2 This IFRS applies to a transaction or other event that meets the definition of a business combination. This IFRS does not apply to:

    (a)   the formation of a joint venture.

    (b)   the acquisition of an asset or a group of assets that does not constitute a *business*. In such cases the acquirer shall identify and recognise the individual identifiable assets acquired (including those assets that meet the definition of, and recognition criteria for, *intangible assets* in IAS 38 *Intangible Assets*) and liabilities assumed. The cost of the group shall be allocated to the individual identifiable assets and liabilities on the basis of their relative *fair values* at the date of purchase. Such a transaction or event does not give rise to goodwill.

    (c)   a combination of entities or businesses under common control (paragraphs B1–B4 provide related application guidance).

Identifying a business combination

3 **An entity shall determine whether a transaction or other event is a business combination by applying the definition in this IFRS, which requires that the assets acquired and liabilities assumed constitute a business. If the assets acquired are not a business, the reporting entity shall account for the transaction or other event as an asset acquisition. Paragraphs B5–B12 provide guidance on identifying a business combination and the definition of a business.**

The acquisition method

4 **An entity shall account for each business combination by applying the acquisition method.**

5 Applying the acquisition method requires:

    (a)   identifying the acquirer;

    (b)   determining the *acquisition date*;

---

[1] in der englischen nicht-bindenden EU-Fassung vom 12.6.2009.

(c) recognising and measuring the identifiable assets acquired, the liabilities assumed and any non-controlling interest in the acquiree; and

(d) recognising and measuring goodwill or a gain from a bargain purchase.

Identifying the acquirer

6 **For each business combination, one of the combining entities shall be identified as the acquirer.**

7 The guidance in IAS 27 *Consolidated and Separate Financial Statements* shall be used to identify the acquirer—the entity that obtains *control* of the acquiree. If a business combination has occurred but applying the guidance in IAS 27 does not clearly indicate which of the combining entities is the acquirer, the factors in paragraphs B14–B18 shall be considered in making that determination.

Determining the acquisition date

8 **The acquirer shall identify the acquisition date, which is the date on which it obtains control of the acquiree.**

9 The date on which the acquirer obtains control of the acquiree is generally the date on which the acquirer legally transfers the consideration, acquires the assets and assumes the liabilities of the acquiree—the closing date. However, the acquirer might obtain control on a date that is either earlier or later than the closing date. For example, the acquisition date precedes the closing date if a written agreement provides that the acquirer obtains control of the acquiree on a date before the closing date. An acquirer shall consider all pertinent facts and circumstances in identifying the acquisition date.

Recognising and measuring the identifiable assets acquired, the liabilities assumed and any non-controlling interest in the acquiree

Recognition principle

10 **As of the acquisition date, the acquirer shall recognise, separately from goodwill, the identifiable assets acquired, the liabilities assumed and any non-controlling interest in the acquiree. Recognition of identifiable assets acquired and liabilities assumed is subject to the conditions specified in paragraphs 11 and 12.**

Recognition conditions

11 To qualify for recognition as part of applying the acquisition method, the identifiable assets acquired and liabilities assumed must meet the definitions of assets and liabilities in the *Framework for the Preparation and Presentation of Financial Statements* at the acquisition date. For example, costs the acquirer expects but is not obliged to incur in the future to effect its plan to exit an activity of an acquiree or to terminate the employment of or relocate an acquiree's employees are not liabilities at the acquisition date. Therefore, the acquirer does not recognise those costs as part of applying the acquisition method. Instead, the acquirer recognises those costs in its post-combination financial statements in accordance with other IFRSs.

12 In addition, to qualify for recognition as part of applying the acquisition method, the identifiable assets acquired and liabilities assumed must be part of what the acquirer and the acquiree (or its former *owners*) exchanged in the business combination transaction rather than the result of separate transactions. The acquirer shall apply the guidance in paragraphs 51–53 to determine which assets acquired or liabilities assumed are part of the exchange for the acquiree and which, if any, are the result of separate transactions to be accounted for in accordance with their nature and the applicable IFRSs.

13 The acquirer's application of the recognition principle and conditions may result in recognising some assets and liabilities that the acquiree had not previously recognised as assets and liabilities in its financial statements. For example, the acquirer recognises the acquired identifiable intangible assets, such as a brand

name, a patent or a customer relationship, that the acquiree did not recognise as assets in its financial statements because it developed them internally and charged the related costs to expense.

14 Paragraphs B28–B40 provide guidance on recognising operating leases and intangible assets. Paragraphs 22–28 specify the types of identifiable assets and liabilities that include items for which this IFRS provides limited exceptions to the recognition principle and conditions.

Classifying or designating identifiable assets acquired and liabilities assumed in a business combination

15 **At the acquisition date, the acquirer shall classify or designate the identifiable assets acquired and liabilities assumed as necessary to apply other IFRSs subsequently. The acquirer shall make those classifications or designations on the basis of the contractual terms, economic conditions, its operating or accounting policies and other pertinent conditions as they exist at the acquisition date.**

16 In some situations, IFRSs provide for different accounting depending on how an entity classifies or designates a particular asset or liability. Examples of classifications or designations that the acquirer shall make on the basis of the pertinent conditions as they exist at the acquisition date include but are not limited to:

(a) classification of particular financial assets and liabilities as a financial asset or liability at fair value through profit or loss, or as a financial asset available for sale or held to maturity, in accordance with IAS 39 *Financial Instruments: Recognition and Measurement*;

(b) designation of a derivative instrument as a hedging instrument in accordance with IAS 39; and

(c) assessment of whether an embedded derivative should be separated from the host contract in accordance with IAS 39 (which is a matter of 'classification' as this IFRS uses that term).

17 This IFRS provides two exceptions to the principle in paragraph 15:

(a) classification of a lease contract as either an operating lease or a finance lease in accordance with IAS 17 *Leases*; and

(b) classification of a contract as an insurance contract in accordance with IFRS 4 *Insurance Contracts*.

The acquirer shall classify those contracts on the basis of the contractual terms and other factors at the inception of the contract (or, if the terms of the contract have been modified in a manner that would change its classification, at the date of that modification, which might be the acquisition date).

Measurement principle

18 **The acquirer shall measure the identifiable assets acquired and the liabilities assumed at their acquisition-date fair values.**

19 For each business combination, the acquirer shall measure at the acquisition date components of non-controlling interests in the acquiree that are present ownership interests and entitle their holders to a proportionate share of the entity's net assets in the event of liquidation at either;

(a) fair value; or

(b) the present ownership instruments' proportionate share in the recognised amounts of the acquiree's identifiable net assets.

All other components of non-controlling interests shall be measured at their acquisition-date fair values, unless another measurement basis is required by IFRSs.

20 Paragraphs B41–B45 provide guidance on measuring the fair value of particular identifiable assets and a non-controlling interest in an acquiree. Paragraphs 24–31 specify the types of identifiable assets and liabilities that include items for which this IFRS provides limited exceptions to the measurement principle.

Exceptions to the recognition or measurement principles

21 This IFRS provides limited exceptions to its recognition and measurement principles. Paragraphs 22–31 specify both the particular items for which exceptions are provided and the nature of those exceptions. The acquirer shall account for those items by applying the requirements in paragraphs 22–31, which will result in some items being:

(a) recognised either by applying recognition conditions in addition to those in paragraphs 11 and 12 or by applying the requirements of other IFRSs, with results that differ from applying the recognition principle and conditions.

(b) measured at an amount other than their acquisition-date fair values.

Exception to the recognition principle

Contingent liabilities

22 IAS 37 *Provisions, Contingent Liabilities and Contingent Assets* defines a contingent liability as:

(a) a possible obligation that arises from past events and whose existence will be confirmed only by the occurrence or non-occurrence of one or more uncertain future events not wholly within the control of the entity; or

(b) a present obligation that arises from past events but is not recognised because:

(i) it is not probable that an outflow of resources embodying economic benefits will be required to settle the obligation; or

(ii) the amount of the obligation cannot be measured with sufficient reliability.

23 The requirements in IAS 37 do not apply in determining which contingent liabilities to recognise as of the acquisition date. Instead, the acquirer shall recognise as of the acquisition date a contingent liability assumed in a business combination if it is a present obligation that arises from past events and its fair value can be measured reliably. Therefore, contrary to IAS 37, the acquirer recognises a contingent liability assumed in a business combination at the acquisition date even if it is not probable that an outflow of resources embodying economic benefits will be required to settle the obligation. Paragraph 56 provides guidance on the subsequent accounting for contingent liabilities.

Exceptions to both the recognition and measurement principles

Income taxes

24 The acquirer shall recognise and measure a deferred tax asset or liability arising from the assets acquired and liabilities assumed in a business combination in accordance with IAS 12 *Income Taxes*.

25 The acquirer shall account for the potential tax effects of temporary differences and carryforwards of an acquiree that exist at the acquisition date or arise as a result of the acquisition in accordance with IAS 12.

Employee benefits

26 The acquirer shall recognise and measure a liability (or asset, if any) related to the acquiree's employee benefit arrangements in accordance with IAS 19 *Employee Benefits*.

Indemnification assets

27 The seller in a business combination may contractually indemnify the acquirer for the outcome of a contingency or uncertainty related to all or part of a specific asset or liability. For example, the seller may

indemnify the acquirer against losses above a specified amount on a liability arising from a particular contingency; in other words, the seller will guarantee that the acquirer's liability will not exceed a specified amount. As a result, the acquirer obtains an indemnification asset. The acquirer shall recognise an indemnification asset at the same time that it recognises the indemnified item measured on the same basis as the indemnified item, subject to the need for a valuation allowance for uncollectible amounts. Therefore, if the indemnification relates to an asset or a liability that is recognised at the acquisition date and measured at its acquisition-date fair value, the acquirer shall recognise the indemnification asset at the acquisition date measured at its acquisition-date fair value. For an indemnification asset measured at fair value, the effects of uncertainty about future cash flows because of collectibility considerations are included in the fair value measure and a separate valuation allowance is not necessary (paragraph B41 provides related application guidance).

28 In some circumstances, the indemnification may relate to an asset or a liability that is an exception to the recognition or measurement principles. For example, an indemnification may relate to a contingent liability that is not recognised at the acquisition date because its fair value is not reliably measurable at that date. Alternatively, an indemnification may relate to an asset or a liability, for example, one that results from an employee benefit, that is measured on a basis other than acquisition-date fair value. In those circumstances, the indemnification asset shall be recognised and measured using assumptions consistent with those used to measure the indemnified item, subject to management's assessment of the collectibility of the indemnification asset and any contractual limitations on the indemnified amount. Paragraph 57 provides guidance on the subsequent accounting for an indemnification asset.

Exceptions to the measurement principle

Reacquired rights

29 The acquirer shall measure the value of a reacquired right recognised as an intangible asset on the basis of the remaining contractual term of the related contract regardless of whether market participants would consider potential contractual renewals in determining its fair value. Paragraphs B35 and B36 provide related application guidance.

Share-based payment awards

30 The acquirer shall measure a liability or an equity instrument related to share-based payment transactions of the acquiree or the replacement of an acquiree's share-based payment transactions with share-based payment transactions of the acquirer in accordance with the method in IFRS 2 *Share-based Payment* at the acquisition date. (This IFRS refers to the result of that method as the 'market-based measure' of the share-based payment transaction.)

Assets held for sale

31 The acquirer shall measure an acquired non-current asset (or disposal group) that is classified as held for sale at the acquisition date in accordance with IFRS 5 *Non-current Assets Held for Sale and Discontinued Operations* at fair value less costs to sell in accordance with paragraphs 15–18 of that IFRS.

Recognising and measuring goodwill or a gain from a bargain purchase

32 **The acquirer shall recognise goodwill as of the acquisition date measured as the excess of (a) over (b) below:**

   (a)   the aggregate of:

   (i)   **the consideration transferred measured in accordance with this IFRS, which generally requires acquisition-date fair value (see paragraph 37);**

   (ii)   **the amount of any non-controlling interest in the acquiree measured in accordance with this IFRS; and**

(iii) in a business combination achieved in stages (see paragraphs 41 and 42), the acquisition-date fair value of the acquirer's previously held *equity interest* in the acquiree.

(b) the net of the acquisition-date amounts of the identifiable assets acquired and the liabilities assumed measured in accordance with this IFRS.

33 In a business combination in which the acquirer and the acquiree (or its former owners) exchange only equity interests, the acquisition-date fair value of the acquiree's equity interests may be more reliably measurable than the acquisition-date fair value of the acquirer's equity interests. If so, the acquirer shall determine the amount of goodwill by using the acquisition-date fair value of the acquiree's equity interests instead of the acquisition-date fair value of the equity interests transferred. To determine the amount of goodwill in a business combination in which no consideration is transferred, the acquirer shall use the acquisition-date fair value of the acquirer's interest in the acquiree determined using a valuation technique in place of the acquisition-date fair value of the consideration transferred (paragraph 32(a)(i)). Paragraphs B46–B49 provide related application guidance.

Bargain purchases

34 Occasionally, an acquirer will make a bargain purchase, which is a business combination in which the amount in paragraph 32(b) exceeds the aggregate of the amounts specified in paragraph 32(a). If that excess remains after applying the requirements in paragraph 36, the acquirer shall recognise the resulting gain in profit or loss on the acquisition date. The gain shall be attributed to the acquirer.

35 A bargain purchase might happen, for example, in a business combination that is a forced sale in which the seller is acting under compulsion. However, the recognition or measurement exceptions for particular items discussed in paragraphs 22–31 may also result in recognising a gain (or change the amount of a recognised gain) on a bargain purchase.

36 Before recognising a gain on a bargain purchase, the acquirer shall reassess whether it has correctly identified all of the assets acquired and all of the liabilities assumed and shall recognise any additional assets or liabilities that are identified in that review. The acquirer shall then review the procedures used to measure the amounts this IFRS requires to be recognised at the acquisition date for all of the following:

(a) the identifiable assets acquired and liabilities assumed;

(b) the non-controlling interest in the acquiree, if any;

(c) for a business combination achieved in stages, the acquirer's previously held equity interest in the acquiree; and

(d) the consideration transferred.

The objective of the review is to ensure that the measurements appropriately reflect consideration of all available information as of the acquisition date.

Consideration transferred

37 The consideration transferred in a business combination shall be measured at fair value, which shall be calculated as the sum of the acquisition-date fair values of the assets transferred by the acquirer, the liabilities incurred by the acquirer to former owners of the acquiree and the equity interests issued by the acquirer. (However, any portion of the acquirer's share-based payment awards exchanged for awards held by the acquiree's employees that is included in consideration transferred in the business combination shall be measured in accordance with paragraph 30 rather than at fair value.) Examples of potential forms of consideration include cash, other assets, a business or a subsidiary of the acquirer, *contingent consideration*, ordinary or preference equity instruments, options, warrants and member interests of *mutual entities*.

38 The consideration transferred may include assets or liabilities of the acquirer that have carrying amounts that differ from their fair values at the acquisition date (for example, non-monetary assets or a business of the acquirer). If so, the acquirer shall remeasure the transferred assets or liabilities to their fair values as of the acquisition date and recognise the resulting gains or losses, if any, in profit or loss. However, sometimes the transferred assets or liabilities remain within the combined entity after the business combination (for

example, because the assets or liabilities were transferred to the acquiree rather than to its former owners), and the acquirer therefore retains control of them. In that situation, the acquirer shall measure those assets and liabilities at their carrying amounts immediately before the acquisition date and shall not recognise a gain or loss in profit or loss on assets or liabilities it controls both before and after the business combination.

Contingent consideration

39 The consideration the acquirer transfers in exchange for the acquiree includes any asset or liability resulting from a contingent consideration arrangement (see paragraph 37). The acquirer shall recognise the acquisition-date fair value of contingent consideration as part of the consideration transferred in exchange for the acquiree.

40 The acquirer shall classify an obligation to pay contingent consideration as a liability or as equity on the basis of the definitions of an equity instrument and a financial liability in paragraph 11 of IAS 32 *Financial Instruments: Presentation*, or other applicable IFRSs. The acquirer shall classify as an asset a right to the return of previously transferred consideration if specified conditions are met. Paragraph 58 provides guidance on the subsequent accounting for contingent consideration.

Additional guidance for applying the acquisition method to particular types of business combinations

A business combination achieved in stages

41 An acquirer sometimes obtains control of an acquiree in which it held an equity interest immediately before the acquisition date. For example, on 31 December 20X1, Entity A holds a 35 per cent non-controlling equity interest in Entity B. On that date, Entity A purchases an additional 40 per cent interest in Entity B, which gives it control of Entity B. This IFRS refers to such a transaction as a business combination achieved in stages, sometimes also referred to as a step acquisition.

42 In a business combination achieved in stages, the acquirer shall remeasure its previously held equity interest in the acquiree at its acquisition-date fair value and recognise the resulting gain or loss, if any, in profit or loss. In prior reporting periods, the acquirer may have recognised changes in the value of its equity interest in the acquiree in other comprehensive income (for example, because the investment was classified as available for sale). If so, the amount that was recognised in other comprehensive income shall be recognised on the same basis as would be required if the acquirer had disposed directly of the previously held equity interest.

A business combination achieved without the transfer of consideration

43 An acquirer sometimes obtains control of an acquiree without transferring consideration. The acquisition method of accounting for a business combination applies to those combinations. Such circumstances include:

(a) The acquiree repurchases a sufficient number of its own shares for an existing investor (the acquirer) to obtain control.

(b) Minority veto rights lapse that previously kept the acquirer from controlling an acquiree in which the acquirer held the majority voting rights.

(c) The acquirer and acquiree agree to combine their businesses by contract alone. The acquirer transfers no consideration in exchange for control of an acquiree and holds no equity interests in the acquiree, either on the acquisition date or previously. Examples of business combinations achieved by contract alone include bringing two businesses together in a stapling arrangement or forming a dual listed corporation.

44 In a business combination achieved by contract alone, the acquirer shall attribute to the owners of the acquiree the amount of the acquiree's net assets recognised in accordance with this IFRS. In other words, the equity interests in the acquiree held by parties other than the acquirer are a non-controlling interest in the

acquirer's post-combination financial statements even if the result is that all of the equity interests in the acquiree are attributed to the non-controlling interest.

Measurement period

45 If the initial accounting for a business combination is incomplete by the end of the reporting period in which the combination occurs, the acquirer shall report in its financial statements provisional amounts for the items for which the accounting is incomplete. During the measurement period, the acquirer shall retrospectively adjust the provisional amounts recognised at the acquisition date to reflect new information obtained about facts and circumstances that existed as of the acquisition date and, if known, would have affected the measurement of the amounts recognised as of that date. During the measurement period, the acquirer shall also recognise additional assets or liabilities if new information is obtained about facts and circumstances that existed as of the acquisition date and, if known, would have resulted in the recognition of those assets and liabilities as of that date. The measurement period ends as soon as the acquirer receives the information it was seeking about facts and circumstances that existed as of the acquisition date or learns that more information is not obtainable. However, the measurement period shall not exceed one year from the acquisition date.

46 The measurement period is the period after the acquisition date during which the acquirer may adjust the provisional amounts recognised for a business combination. The measurement period provides the acquirer with a reasonable time to obtain the information necessary to identify and measure the following as of the acquisition date in accordance with the requirements of this IFRS:

   (a) the identifiable assets acquired, liabilities assumed and any non-controlling interest in the acquiree;

   (b) the consideration transferred for the acquiree (or the other amount used in measuring goodwill);

   (c) in a business combination achieved in stages, the equity interest in the acquiree previously held by the acquirer; and

   (d) the resulting goodwill or gain on a bargain purchase.

47 The acquirer shall consider all pertinent factors in determining whether information obtained after the acquisition date should result in an adjustment to the provisional amounts recognised or whether that information results from events that occurred after the acquisition date. Pertinent factors include the date when additional information is obtained and whether the acquirer can identify a reason for a change to provisional amounts. Information that is obtained shortly after the acquisition date is more likely to reflect circumstances that existed at the acquisition date than is information obtained several months later. For example, unless an intervening event that changed its fair value can be identified, the sale of an asset to a third party shortly after the acquisition date for an amount that differs significantly from its provisional fair value determined at that date is likely to indicate an error in the provisional amount.

48 The acquirer recognises an increase (decrease) in the provisional amount recognised for an identifiable asset (liability) by means of a decrease (increase) in goodwill. However, new information obtained during the measurement period may sometimes result in an adjustment to the provisional amount of more than one asset or liability. For example, the acquirer might have assumed a liability to pay damages related to an accident in one of the acquiree's facilities, part or all of which are covered by the acquiree's liability insurance policy. If the acquirer obtains new information during the measurement period about the acquisition-date fair value of that liability, the adjustment to goodwill resulting from a change to the provisional amount recognised for the liability would be offset (in whole or in part) by a corresponding adjustment to goodwill resulting from a change to the provisional amount recognised for the claim receivable from the insurer.

49 During the measurement period, the acquirer shall recognise adjustments to the provisional amounts as if the accounting for the business combination had been completed at the acquisition date. Thus, the acquirer shall revise comparative information for prior periods presented in financial statements as needed, including making any change in depreciation, amortisation or other income effects recognised in completing the initial accounting.

50 After the measurement period ends, the acquirer shall revise the accounting for a business combination only to correct an error in accordance with IAS 8 *Accounting Policies, Changes in Accounting Estimates and Errors*.

Determining what is part of the business combination transaction

51   The acquirer and the acquiree may have a pre-existing relationship or other arrangement before negotiations for the business combination began, or they may enter into an arrangement during the negotiations that is separate from the business combination. In either situation, the acquirer shall identify any amounts that are not part of what the acquirer and the acquiree (or its former owners) exchanged in the business combination, ie amounts that are not part of the exchange for the acquiree. The acquirer shall recognise as part of applying the acquisition method only the consideration transferred for the acquiree and the assets acquired and liabilities assumed in the exchange for the acquiree. Separate transactions shall be accounted for in accordance with the relevant IFRSs.

52   A transaction entered into by or on behalf of the acquirer or primarily for the benefit of the acquirer or the combined entity, rather than primarily for the benefit of the acquiree (or its former owners) before the combination, is likely to be a separate transaction. The following are examples of separate transactions that are not to be included in applying the acquisition method:

   (a)   a transaction that in effect settles pre-existing relationships between the acquirer and acquiree;

   (b)   a transaction that remunerates employees or former owners of the acquiree for future services; and

   (c)   a transaction that reimburses the acquiree or its former owners for paying the acquirer's acquisition-related costs.

   Paragraphs B50–B62 provide related application guidance.

Acquisition-related costs

53   Acquisition-related costs are costs the acquirer incurs to effect a business combination. Those costs include finder's fees; advisory, legal, accounting, valuation and other professional or consulting fees; general administrative costs, including the costs of maintaining an internal acquisitions department; and costs of registering and issuing debt and equity securities. The acquirer shall account for acquisition-related costs as expenses in the periods in which the costs are incurred and the services are received, with one exception. The costs to issue debt or equity securities shall be recognised in accordance with IAS 32 and IAS 39.

Subsequent measurement and accounting

54   In general, an acquirer shall subsequently measure and account for assets acquired, liabilities assumed or incurred and equity instruments issued in a business combination in accordance with other applicable IFRSs for those items, depending on their nature. However, this IFRS provides guidance on subsequently measuring and accounting for the following assets acquired, liabilities assumed or incurred and equity instruments issued in a business combination:

   (a)   reacquired rights;

   (b)   contingent liabilities recognised as of the acquisition date;

   (c)   indemnification assets; and

   (d)   contingent consideration.

   Paragraph B63 provides related application guidance.

Reacquired rights

55   A reacquired right recognised as an intangible asset shall be amortised over the remaining contractual period of the contract in which the right was granted. An acquirer that subsequently sells a reacquired right to a third party shall include the carrying amount of the intangible asset in determining the gain or loss on the sale.

Contingent liabilities

56 After initial recognition and until the liability is settled, cancelled or expires, the acquirer shall measure a contingent liability recognised in a business combination at the higher of:

(a) the amount that would be recognised in accordance with IAS 37; and

(b) the amount initially recognised less, if appropriate, cumulative amortisation recognised in accordance with IAS 18 *Revenue*.

This requirement does not apply to contracts accounted for in accordance with IAS 39.

Indemnification assets

57 At the end of each subsequent reporting period, the acquirer shall measure an indemnification asset that was recognised at the acquisition date on the same basis as the indemnified liability or asset, subject to any contractual limitations on its amount and, for an indemnification asset that is not subsequently measured at its fair value, management's assessment of the collectibility of the indemnification asset. The acquirer shall derecognise the indemnification asset only when it collects the asset, sells it or otherwise loses the right to it.

Contingent consideration

58 Some changes in the fair value of contingent consideration that the acquirer recognises after the acquisition date may be the result of additional information that the acquirer obtained after that date about facts and circumstances that existed at the acquisition date. Such changes are measurement period adjustments in accordance with paragraphs 45–49. However, changes resulting from events after the acquisition date, such as meeting an earnings target, reaching a specified share price or reaching a milestone on a research and development project, are not measurement period adjustments. The acquirer shall account for changes in the fair value of contingent consideration that are not measurement period adjustments as follows:

(a) Contingent consideration classified as equity shall not be remeasured and its subsequent settlement shall be accounted for within equity.

(b) Contingent consideration classified as an asset or a liability that:

(i) is a financial instrument and is within the scope of IAS 39 shall be measured at fair value, with any resulting gain or loss recognised either in profit or loss or in other comprehensive income in accordance with that IFRS.

(ii) is not within the scope of IAS 39 shall be accounted for in accordance with IAS 37 or other IFRSs as appropriate.

Disclosures

59 **The acquirer shall disclose information that enables users of its financial statements to evaluate the nature and financial effect of a business combination that occurs either:**

(a) **during the current reporting period; or**

(b) **after the end of the reporting period but before the financial statements are authorised for issue.**

60 To meet the objective in paragraph 59, the acquirer shall disclose the information specified in paragraphs B64—B66.

61 **The acquirer shall disclose information that enables users of its financial statements to evaluate the financial effects of adjustments recognised in the current reporting period that relate to business combinations that occurred in the period or previous reporting periods.**

62   To meet the objective in paragraph 61, the acquirer shall disclose the information specified in paragraph B67.

63   If the specific disclosures required by this and other IFRSs do not meet the objectives set out in paragraphs 59 and 61, the acquirer shall disclose whatever additional information is necessary to meet those objectives.

Effective date and transition

Effective date

64   This IFRS shall be applied prospectively to business combinations for which the acquisition date is on or after the beginning of the first annual reporting period beginning on or after 1 July 2009. Earlier application is permitted. However, this IFRS shall be applied only at the beginning of an annual reporting period that begins on or after 30 June 2007. If an entity applies this IFRS before 1 July 2009, it shall disclose that fact and apply IAS 27 (as amended by the International Accounting Standards Board in 2008) at the same time.

64B   *Improvements to IFRSs* issued in May 2010 amended paragraphs 19, 30 and B56 and added paragraphs B62A and B62B. An entity shall apply those amendments for annual periods beginning on or after 1 July 2010. Earlier application is permitted. If an entity applies the amendments for an earlier period it shall disclose that fact. Application should be prospective from the date when the entity first applied this IFRS.

64C   Paragraphs 65A–65E were added by *Improvements to IFRSs* issued in May 2010. An entity shall apply those amendments for annual periods beginning on or after 1 July 2010. Earlier application is permitted. If an entity applies the amendments for an earlier period it shall disclose that fact. The amendments shall be applied to contingent consideration balances arising from business combinations with an acquisition date prior to the application of this IFRS, as issued in 2008.

Transition

65   Assets and liabilities that arose from business combinations whose acquisition dates preceded the application of this IFRS shall not be adjusted upon application of this IFRS.

65A   Contingent consideration balances arising from business combinations whose acquisition dates preceded the date when an entity first applied this IFRS as issued in 2008 shall not be adjusted upon first application of this IFRS. Paragraphs 65B–65E shall be applied in the subsequent accounting for those balances. Paragraphs 65B–65E shall not apply to the accounting for contingent consideration balances arising from business combinations with acquisition dates on or after the date when the entity first applied this IFRS as issued in 2008. In paragraphs 65B–65E business combination refers exclusively to business combinations whose acquisition date preceded the application of this IFRS as issued in 2008.

65B   If a business combination agreement provides for an adjustment to the cost of the combination contingent on future events, the acquirer shall include the amount of that adjustment in the cost of the combination at the acquisition date if the adjustment is probable and can be measured reliably.

65C   A business combination agreement may allow for adjustments to the cost of the combination that are contingent on one or more future events. The adjustment might, for example, be contingent on a specified level of profit being maintained or achieved in future periods, or on the market price of the instruments issued being maintained. It is usually possible to estimate the amount of any such adjustment at the time of initially accounting for the combination without impairing the reliability of the information, even though some uncertainty exists. If the future events do not occur or the estimate needs to be revised, the cost of the business combination shall be adjusted accordingly.

65D   However, when a business combination agreement provides for such an adjustment, that adjustment is not included in the cost of the combination at the time of initially accounting for the combination if it either is not probable or cannot be measured reliably. If that adjustment subsequently becomes probable and can be measured reliably, the additional consideration shall be treated as an adjustment to the cost of the combination.

65E   In some circumstances, the acquirer may be required to make a subsequent payment to the seller as compensation for a reduction in the value of the assets given, equity instruments issued or liabilities incurred or assumed by the acquirer in exchange for control of the acquiree. This is the case, for example, when the acquirer guarantees the market price of equity or debt instruments issued as part of the cost of the business combination and is required to issue additional equity or debt instruments to restore the originally determined cost. In such cases, no increase in the cost of the business combination is recognised. In the case of equity instruments, the fair value of the additional payment is offset by an equal reduction in the value attributed to the instruments initially issued. In the case of debt instruments, the additional payment is regarded as a reduction in the premium or an increase in the discount on the initial issue.

66 An entity, such as a mutual entity, that has not yet applied IFRS 3 and had one or more business combinations that were accounted for using the purchase method shall apply the transition provisions in paragraphs B68 and B69.

Income taxes

67 For business combinations in which the acquisition date was before this IFRS is applied, the acquirer shall apply the requirements of paragraph 68 of IAS 12, as amended by this IFRS, prospectively. That is to say, the acquirer shall not adjust the accounting for prior business combinations for previously recognised changes in recognised deferred tax assets. However, from the date when this IFRS is applied, the acquirer shall recognise, as an adjustment to profit or loss (or, if IAS 12 requires, outside profit or loss), changes in recognised deferred tax assets.

Withdrawal of IFRS 3 (2004)

68 This IFRS supersedes IFRS 3 *Business Combinations* (as issued in 2004).

Appendix A
Defined terms

This appendix is an integral part of the IFRS.

acquiree	The business or businesses that the **acquirer** obtains control of in a **business combination**.
acquirer	The entity that obtains control of the **acquiree**.
acquisition date	The date on which the **acquirer** obtains control of the **acquiree**.
business	An integrated set of activities and assets that is capable of being conducted and managed for the purpose of providing a return in the form of dividends, lower costs or other economic benefits directly to investors or other owners, members or participants.
business combination	A transaction or other event in which an **acquirer** obtains control of one or more **businesses**. Transactions sometimes referred to as 'true mergers' or 'mergers of equals' are also **business combinations** as that term is used in this IFRS.
contingent consideration	Usually, an obligation of the **acquirer** to transfer additional assets or **equity interests** to the former owners of an **acquiree** as part of the exchange for **control** of the **acquiree** if specified future events occur or conditions are met. However, contingent consideration also may give the **acquirer** the right to the return of previously transferred consideration if specified conditions are met.
control	The power to govern the financial and operating policies of an entity so as to obtain benefits from its activities.
equity interests	For the purposes of this IFRS, *equity interests* is used broadly to mean ownership interests of investor-owned entities and owner, member or participant interests of **mutual entities**.
fair value	The amount for which an asset could be exchanged, or a liability settled, between knowledgeable, willing parties in an arm's length transaction.
goodwill	An asset representing the future economic benefits arising from other assets acquired in a **business combination** that are not individually identified and separately recognised.
identifiable	An asset is *identifiable* if it either: (a) is separable, ie capable of being separated or divided from the entity and sold, transferred, licensed, rented or exchanged, either individually or together with a related contract, identifiable asset or liability, regardless of whether the entity intends to do so; or (b) arises from contractual or other legal rights, regardless of whether those rights are transferable or separable from the entity or from other rights and obligations.
intangible asset	An identifiable non-monetary asset without physical substance.
mutual entity	An entity, other than an investor-owned entity, that provides dividends, lower costs or other economic benefits directly to its **owners**, members or participants. For example, a mutual insurance company, a credit union and a co-operative entity are all mutual entities.
non-controlling interest	The equity in a subsidiary not attributable, directly or indirectly, to a parent.

owners For the purposes of this IFRS, *owners* is used broadly to include holders of **equity interests** of investor-owned entities and owners or members of, or participants in, **mutual entities**.

Appendix B
Application guidance

This appendix is an integral part of the IFRS.

Business combinations of entities under common control (application of paragraph 2(c))

B1 This IFRS does not apply to a business combination of entities or businesses under common control. A business combination involving entities or businesses under common control is a business combination in which all of the combining entities or businesses are ultimately controlled by the same party or parties both before and after the business combination, and that control is not transitory.

B2 A group of individuals shall be regarded as controlling an entity when, as a result of contractual arrangements, they collectively have the power to govern its financial and operating policies so as to obtain benefits from its activities. Therefore, a business combination is outside the scope of this IFRS when the same group of individuals has, as a result of contractual arrangements, ultimate collective power to govern the financial and operating policies of each of the combining entities so as to obtain benefits from their activities, and that ultimate collective power is not transitory.

B3 An entity may be controlled by an individual or by a group of individuals acting together under a contractual arrangement, and that individual or group of individuals may not be subject to the financial reporting requirements of IFRSs. Therefore, it is not necessary for combining entities to be included as part of the same consolidated financial statements for a business combination to be regarded as one involving entities under common control.

B4 The extent of non-controlling interests in each of the combining entities before and after the business combination is not relevant to determining whether the combination involves entities under common control. Similarly, the fact that one of the combining entities is a subsidiary that has been excluded from the consolidated financial statements is not relevant to determining whether a combination involves entities under common control.

Identifying a business combination (application of paragraph 3)

B5 This IFRS defines a business combination as a transaction or other event in which an acquirer obtains control of one or more businesses. An acquirer might obtain control of an acquiree in a variety of ways, for example:

  (a) by transferring cash, cash equivalents or other assets (including net assets that constitute a business);

  (b) by incurring liabilities;

  (c) by issuing equity interests;

  (d) by providing more than one type of consideration; or

  (e) without transferring consideration, including by contract alone (see paragraph 43).

B6 A business combination may be structured in a variety of ways for legal, taxation or other reasons, which include but are not limited to:

  (a) one or more businesses become subsidiaries of an acquirer or the net assets of one or more businesses are legally merged into the acquirer;

(b) one combining entity transfers its net assets, or its owners transfer their equity interests, to another combining entity or its owners;

(c) all of the combining entities transfer their net assets, or the owners of those entities transfer their equity interests, to a newly formed entity (sometimes referred to as a roll-up or put-together transaction); or

(d) a group of former owners of one of the combining entities obtains control of the combined entity.

Definition of a business (application of paragraph 3)

B7 A business consists of inputs and processes applied to those inputs that have the ability to create outputs. Although businesses usually have outputs, outputs are not required for an integrated set to qualify as a business. The three elements of a business are defined as follows:

(a) **Input:** Any economic resource that creates, or has the ability to create, outputs when one or more processes are applied to it. Examples include non-current assets (including intangible assets or rights to use non-current assets), intellectual property, the ability to obtain access to necessary materials or rights and employees.

(b) **Process:** Any system, standard, protocol, convention or rule that when applied to an input or inputs, creates or has the ability to create outputs. Examples include strategic management processes, operational processes and resource management processes. These processes typically are documented, but an organised workforce having the necessary skills and experience following rules and conventions may provide the necessary processes that are capable of being applied to inputs to create outputs. (Accounting, billing, payroll and other administrative systems typically are not processes used to create outputs.)

(c) **Output:** The result of inputs and processes applied to those inputs that provide or have the ability to provide a return in the form of dividends, lower costs or other economic benefits directly to investors or other owners, members or participants.

B8 To be capable of being conducted and managed for the purposes defined, an integrated set of activities and assets requires two essential elements—inputs and processes applied to those inputs, which together are or will be used to create outputs. However, a business need not include all of the inputs or processes that the seller used in operating that business if market participants are capable of acquiring the business and continuing to produce outputs, for example, by integrating the business with their own inputs and processes.

B9 The nature of the elements of a business varies by industry and by the structure of an entity's operations (activities), including the entity's stage of development. Established businesses often have many different types of inputs, processes and outputs, whereas new businesses often have few inputs and processes and sometimes only a single output (product). Nearly all businesses also have liabilities, but a business need not have liabilities.

B10 An integrated set of activities and assets in the development stage might not have outputs. If not, the acquirer should consider other factors to determine whether the set is a business. Those factors include, but are not limited to, whether the set:

(a) has begun planned principal activities;

(b) has employees, intellectual property and other inputs and processes that could be applied to those inputs;

(c) is pursuing a plan to produce outputs; and

(d) will be able to obtain access to customers that will purchase the outputs.

Not all of those factors need to be present for a particular integrated set of activities and assets in the development stage to qualify as a business.

B11 Determining whether a particular set of assets and activities is a business should be based on whether the integrated set is capable of being conducted and managed as a business by a market participant. Thus, in evaluating whether a particular set is a business, it is not relevant whether a seller operated the set as a business or whether the acquirer intends to operate the set as a business.

B12 In the absence of evidence to the contrary, a particular set of assets and activities in which goodwill is present shall be presumed to be a business. However, a business need not have goodwill.

Identifying the acquirer (application of paragraphs 6 and 7)

B13 The guidance in IAS 27 *Consolidated and Separate Financial Statements* shall be used to identify the acquirer—the entity that obtains control of the acquiree. If a business combination has occurred but applying the guidance in IAS 27 does not clearly indicate which of the combining entities is the acquirer, the factors in paragraphs B14–B18 shall be considered in making that determination.

B14 In a business combination effected primarily by transferring cash or other assets or by incurring liabilities, the acquirer is usually the entity that transfers the cash or other assets or incurs the liabilities.

B15 In a business combination effected primarily by exchanging equity interests, the acquirer is usually the entity that issues its equity interests. However, in some business combinations, commonly called 'reverse acquisitions', the issuing entity is the acquiree. Paragraphs B19–B27 provide guidance on accounting for reverse acquisitions. Other pertinent facts and circumstances shall also be considered in identifying the acquirer in a business combination effected by exchanging equity interests, including:

(a) *the relative voting rights in the combined entity after the business combination*—The acquirer is usually the combining entity whose owners as a group retain or receive the largest portion of the voting rights in the combined entity. In determining which group of owners retains or receives the largest portion of the voting rights, an entity shall consider the existence of any unusual or special voting arrangements and options, warrants or convertible securities.

(b) *the existence of a large minority voting interest in the combined entity if no other owner or organised group of owners has a significant voting interest*—The acquirer is usually the combining entity whose single owner or organised group of owners holds the largest minority voting interest in the combined entity.

(c) *the composition of the governing body of the combined entity*—The acquirer is usually the combining entity whose owners have the ability to elect or appoint or to remove a majority of the members of the governing body of the combined entity.

(d) *the composition of the senior management of the combined entity*—The acquirer is usually the combining entity whose (former) management dominates the management of the combined entity.

(e) *the terms of the exchange of equity interests*—The acquirer is usually the combining entity that pays a premium over the pre-combination fair value of the equity interests of the other combining entity or entities.

B16 The acquirer is usually the combining entity whose relative size (measured in, for example, assets, revenues or profit) is significantly greater than that of the other combining entity or entities.

B17 In a business combination involving more than two entities, determining the acquirer shall include a consideration of, among other things, which of the combining entities initiated the combination, as well as the relative size of the combining entities.

B18 A new entity formed to effect a business combination is not necessarily the acquirer. If a new entity is formed to issue equity interests to effect a business combination, one of the combining entities that existed before the business combination shall be identified as the acquirer by applying the guidance in paragraphs B13–B17. In contrast, a new entity that transfers cash or other assets or incurs liabilities as consideration may be the acquirer.

Reverse acquisitions

B19　A reverse acquisition occurs when the entity that issues securities (the legal acquirer) is identified as the acquiree for accounting purposes on the basis of the guidance in paragraphs B13–B18. The entity whose equity interests are acquired (the legal acquiree) must be the acquirer for accounting purposes for the transaction to be considered a reverse acquisition. For example, reverse acquisitions sometimes occur when a private operating entity wants to become a public entity but does not want to register its equity shares. To accomplish that, the private entity will arrange for a public entity to acquire its equity interests in exchange for the equity interests of the public entity. In this example, the public entity is the **legal acquirer** because it issued its equity interests, and the private entity is the **legal acquiree** because its equity interests were acquired. However, application of the guidance in paragraphs B13–B18 results in identifying:

(a)　the public entity as the **acquiree** for accounting purposes (the accounting acquiree); and

(b)　the private entity as the **acquirer** for accounting purposes (the accounting acquirer).

The accounting acquiree must meet the definition of a business for the transaction to be accounted for as a reverse acquisition, and all of the recognition and measurement principles in this IFRS, including the requirement to recognise goodwill, apply.

Measuring the consideration transferred

B20　In a reverse acquisition, the accounting acquirer usually issues no consideration for the acquiree. Instead, the accounting acquiree usually issues its equity shares to the owners of the accounting acquirer. Accordingly, the acquisition-date fair value of the consideration transferred by the accounting acquirer for its interest in the accounting acquiree is based on the number of equity interests the legal subsidiary would have had to issue to give the owners of the legal parent the same percentage equity interest in the combined entity that results from the reverse acquisition. The fair value of the number of equity interests calculated in that way can be used as the fair value of consideration transferred in exchange for the acquiree.

Preparation and presentation of consolidated financial statements

B21　Consolidated financial statements prepared following a reverse acquisition are issued under the name of the legal parent (accounting acquiree) but described in the notes as a continuation of the financial statements of the legal subsidiary (accounting acquirer), with one adjustment, which is to adjust retroactively the accounting acquirer's legal capital to reflect the legal capital of the accounting acquiree. That adjustment is required to reflect the capital of the legal parent (the accounting acquiree). Comparative information presented in those consolidated financial statements also is retroactively adjusted to reflect the legal capital of the legal parent (accounting acquiree).

B22　Because the consolidated financial statements represent the continuation of the financial statements of the legal subsidiary except for its capital structure, the consolidated financial statements reflect:

(a)　the assets and liabilities of the legal subsidiary (the accounting acquirer) recognised and measured at their pre-combination carrying amounts.

(b)　the assets and liabilities of the legal parent (the accounting acquiree) recognised and measured in accordance with this IFRS.

(c)　the retained earnings and other equity balances of the legal subsidiary (accounting acquirer) **before** the business combination.

(d)　the amount recognised as issued equity interests in the consolidated financial statements determined by adding the issued equity interest of the legal subsidiary (the accounting acquirer) outstanding immediately before the business combination to the fair value of the legal parent (accounting acquiree) determined in accordance with this IFRS. However, the equity structure (ie the number and type of equity interests issued) reflects the equity structure of the legal parent (the accounting acquiree), including the equity interests the legal parent issued to effect the combination. Accordingly, the equity structure of the legal subsidiary (the accounting acquirer) is restated using the exchange ratio established in the acquisition agreement to reflect the number of shares of the legal parent (the accounting acquiree) issued in the reverse acquisition.

(e) the non-controlling interest's proportionate share of the legal subsidiary's (accounting acquirer's) pre-combination carrying amounts of retained earnings and other equity interests as discussed in paragraphs B23 and B24.

Non-controlling interest

B23 In a reverse acquisition, some of the owners of the legal acquiree (the accounting acquirer) might not exchange their equity interests for equity interests of the legal parent (the accounting acquiree). Those owners are treated as a non-controlling interest in the consolidated financial statements after the reverse acquisition. That is because the owners of the legal acquiree that do not exchange their equity interests for equity interests of the legal acquirer have an interest in only the results and net assets of the legal acquiree—not in the results and net assets of the combined entity. Conversely, even though the legal acquirer is the acquiree for accounting purposes, the owners of the legal acquirer have an interest in the results and net assets of the combined entity.

B24 The assets and liabilities of the legal acquiree are measured and recognised in the consolidated financial statements at their pre-combination carrying amounts (see paragraph B22(a)). Therefore, in a reverse acquisition the non-controlling interest reflects the non-controlling shareholders' proportionate interest in the pre-combination carrying amounts of the legal acquiree's net assets even if the non-controlling interests in other acquisitions are measured at their fair value at the acquisition date.

Earnings per share

B25 As noted in paragraph B22(d), the equity structure in the consolidated financial statements following a reverse acquisition reflects the equity structure of the legal acquirer (the accounting acquiree), including the equity interests issued by the legal acquirer to effect the business combination.

B26 In calculating the weighted average number of ordinary shares outstanding (the denominator of the earnings per share calculation) during the period in which the reverse acquisition occurs:

(a) the number of ordinary shares outstanding from the beginning of that period to the acquisition date shall be computed on the basis of the weighted average number of ordinary shares of the legal acquiree (accounting acquirer) outstanding during the period multiplied by the exchange ratio established in the merger agreement; and

(b) the number of ordinary shares outstanding from the acquisition date to the end of that period shall be the actual number of ordinary shares of the legal acquirer (the accounting acquiree) outstanding during that period.

B27 The basic earnings per share for each comparative period before the acquisition date presented in the consolidated financial statements following a reverse acquisition shall be calculated by dividing:

(a) the profit or loss of the legal acquiree attributable to ordinary shareholders in each of those periods by

(b) the legal acquiree's historical weighted average number of ordinary shares outstanding multiplied by the exchange ratio established in the acquisition agreement.

Recognising particular assets acquired and liabilities assumed (application of paragraphs 10–13)

Operating leases

B28 The acquirer shall recognise no assets or liabilities related to an operating lease in which the acquiree is the lessee except as required by paragraphs B29 and B30.

B29 The acquirer shall determine whether the terms of each operating lease in which the acquiree is the lessee are favourable or unfavourable. The acquirer shall recognise an intangible asset if the terms of an operating lease are favourable relative to market terms and a liability if the terms are unfavourable relative to market terms. Paragraph B42 provides guidance on measuring the acquisition-date fair value of assets subject to operating leases in which the acquiree is the lessor.

B30 An identifiable intangible asset may be associated with an operating lease, which may be evidenced by market participants' willingness to pay a price for the lease even if it is at market terms. For example, a lease of gates at an airport or of retail space in a prime shopping area might provide entry into a market or other future economic benefits that qualify as identifiable intangible assets, for example, as a customer relationship. In that situation, the acquirer shall recognise the associated identifiable intangible asset(s) in accordance with paragraph B31.

Intangible assets

B31 The acquirer shall recognise, separately from goodwill, the identifiable intangible assets acquired in a business combination. An intangible asset is identifiable if it meets either the separability criterion or the contractual-legal criterion.

B32 An intangible asset that meets the contractual-legal criterion is identifiable even if the asset is not transferable or separable from the acquiree or from other rights and obligations. For example:

 (a) an acquiree leases a manufacturing facility under an operating lease that has terms that are favourable relative to market terms. The lease terms explicitly prohibit transfer of the lease (through either sale or sublease). The amount by which the lease terms are favourable compared with the terms of current market transactions for the same or similar items is an intangible asset that meets the contractual-legal criterion for recognition separately from goodwill, even though the acquirer cannot sell or otherwise transfer the lease contract.

 (b) an acquiree owns and operates a nuclear power plant. The licence to operate that power plant is an intangible asset that meets the contractual-legal criterion for recognition separately from goodwill, even if the acquirer cannot sell or transfer it separately from the acquired power plant. An acquirer may recognise the fair value of the operating licence and the fair value of the power plant as a single asset for financial reporting purposes if the useful lives of those assets are similar.

 (c) an acquiree owns a technology patent. It has licensed that patent to others for their exclusive use outside the domestic market, receiving a specified percentage of future foreign revenue in exchange. Both the technology patent and the related licence agreement meet the contractual-legal criterion for recognition separately from goodwill even if selling or exchanging the patent and the related licence agreement separately from one another would not be practical.

B33 The separability criterion means that an acquired intangible asset is capable of being separated or divided from the acquiree and sold, transferred, licensed, rented or exchanged, either individually or together with a related contract, identifiable asset or liability. An intangible asset that the acquirer would be able to sell, license or otherwise exchange for something else of value meets the separability criterion even if the acquirer does not intend to sell, license or otherwise exchange it. An acquired intangible asset meets the separability criterion if there is evidence of exchange transactions for that type of asset or an asset of a similar type, even if those transactions are infrequent and regardless of whether the acquirer is involved in them. For example, customer and subscriber lists are frequently licensed and thus meet the separability criterion. Even if an acquiree believes its customer lists have characteristics different from other customer lists, the fact that customer lists are frequently licensed generally means that the acquired customer list meets the separability criterion. However, a customer list acquired in a business combination would not meet the separability criterion if the terms of confidentiality or other agreements prohibit an entity from selling, leasing or otherwise exchanging information about its customers.

B34 An intangible asset that is not individually separable from the acquiree or combined entity meets the separability criterion if it is separable in combination with a related contract, identifiable asset or liability. For example:

(a) market participants exchange deposit liabilities and related depositor relationship intangible assets in observable exchange transactions. Therefore, the acquirer should recognise the depositor relationship intangible asset separately from goodwill.

(b) an acquiree owns a registered trademark and documented but unpatented technical expertise used to manufacture the trademarked product. To transfer ownership of a trademark, the owner is also required to transfer everything else necessary for the new owner to produce a product or service indistinguishable from that produced by the former owner. Because the unpatented technical expertise must be separated from the acquiree or combined entity and sold if the related trademark is sold, it meets the separability criterion.

Reacquired rights

B35 As part of a business combination, an acquirer may reacquire a right that it had previously granted to the acquiree to use one or more of the acquirer's recognised or unrecognised assets. Examples of such rights include a right to use the acquirer's trade name under a franchise agreement or a right to use the acquirer's technology under a technology licensing agreement. A reacquired right is an identifiable intangible asset that the acquirer recognises separately from goodwill. Paragraph 29 provides guidance on measuring a reacquired right and paragraph 55 provides guidance on the subsequent accounting for a reacquired right.

B36 If the terms of the contract giving rise to a reacquired right are favourable or unfavourable relative to the terms of current market transactions for the same or similar items, the acquirer shall recognise a settlement gain or loss. Paragraph B52 provides guidance for measuring that settlement gain or loss.

Assembled workforce and other items that are not identifiable

B37 The acquirer subsumes into goodwill the value of an acquired intangible asset that is not identifiable as of the acquisition date. For example, an acquirer may attribute value to the existence of an assembled workforce, which is an existing collection of employees that permits the acquirer to continue to operate an acquired business from the acquisition date. An assembled workforce does not represent the intellectual capital of the skilled workforce—the (often specialised) knowledge and experience that employees of an acquiree bring to their jobs. Because the assembled workforce is not an identifiable asset to be recognised separately from goodwill, any value attributed to it is subsumed into goodwill.

B38 The acquirer also subsumes into goodwill any value attributed to items that do not qualify as assets at the acquisition date. For example, the acquirer might attribute value to potential contracts the acquiree is negotiating with prospective new customers at the acquisition date. Because those potential contracts are not themselves assets at the acquisition date, the acquirer does not recognise them separately from goodwill. The acquirer should not subsequently reclassify the value of those contracts from goodwill for events that occur after the acquisition date. However, the acquirer should assess the facts and circumstances surrounding events occurring shortly after the acquisition to determine whether a separately recognisable intangible asset existed at the acquisition date.

B39 After initial recognition, an acquirer accounts for intangible assets acquired in a business combination in accordance with the provisions of IAS 38 *Intangible Assets*. However, as described in paragraph 3 of IAS 38, the accounting for some acquired intangible assets after initial recognition is prescribed by other IFRSs.

B40 The identifiability criteria determine whether an intangible asset is recognised separately from goodwill. However, the criteria neither provide guidance for measuring the fair value of an intangible asset nor restrict the assumptions used in estimating the fair value of an intangible asset. For example, the acquirer would take into account assumptions that market participants would consider, such as expectations of future contract renewals, in measuring fair value. It is not necessary for the renewals themselves to meet the identifiability criteria. (However, see paragraph 29, which establishes an exception to the fair value measurement principle for reacquired rights recognised in a business combination.) Paragraphs 36 and 37 of IAS 38 provide guidance for determining whether intangible assets should be combined into a single unit of account with other intangible or tangible assets.

Measuring the fair value of particular identifiable assets and a non-controlling interest in an acquiree (application of paragraphs 18 and 19)

Assets with uncertain cash flows (valuation allowances)

B41 The acquirer shall not recognise a separate valuation allowance as of the acquisition date for assets acquired in a business combination that are measured at their acquisition-date fair values because the effects of uncertainty about future cash flows are included in the fair value measure. For example, because this IFRS requires the acquirer to measure acquired receivables, including loans, at their acquisition-date fair values, the acquirer does not recognise a separate valuation allowance for the contractual cash flows that are deemed to be uncollectible at that date.

Assets subject to operating leases in which the acquiree is the lessor

B42 In measuring the acquisition-date fair value of an asset such as a building or a patent that is subject to an operating lease in which the acquiree is the lessor, the acquirer shall take into account the terms of the lease. In other words, the acquirer does not recognise a separate asset or liability if the terms of an operating lease are either favourable or unfavourable when compared with market terms as paragraph B29 requires for leases in which the acquiree is the lessee.

Assets that the acquirer intends not to use or to use in a way that is different from the way other market participants would use them

B43 For competitive or other reasons, the acquirer may intend not to use an acquired asset, for example, a research and development intangible asset, or it may intend to use the asset in a way that is different from the way in which other market participants would use it. Nevertheless, the acquirer shall measure the asset at fair value determined in accordance with its use by other market participants.

Non-controlling interest in an acquiree

B44 This IFRS allows the acquirer to measure a non-controlling interest in the acquiree at its fair value at the acquisition date. Sometimes an acquirer will be able to measure the acquisition-date fair value of a non-controlling interest on the basis of active market prices for the equity shares not held by the acquirer. In other situations, however, an active market price for the equity shares will not be available. In those situations, the acquirer would measure the fair value of the non-controlling interest using other valuation techniques.

B45 The fair values of the acquirer's interest in the acquiree and the non-controlling interest on a per-share basis might differ. The main difference is likely to be the inclusion of a control premium in the per-share fair value of the acquirer's interest in the acquiree or, conversely, the inclusion of a discount for lack of control (also referred to as a minority discount) in the per-share fair value of the non-controlling interest.

Measuring goodwill or a gain from a bargain purchase

Measuring the acquisition-date fair value of the acquirer's interest in the acquiree using valuation techniques (application of paragraph 33)

B46 In a business combination achieved without the transfer of consideration, the acquirer must substitute the acquisition-date fair value of its interest in the acquiree for the acquisition-date fair value of the consideration transferred to measure goodwill or a gain on a bargain purchase (see paragraphs 32–34). The acquirer should measure the acquisition-date fair value of its interest in the acquiree using one or more valuation techniques that are appropriate in the circumstances and for which sufficient data are available. If more than one valuation technique is used, the acquirer should evaluate the results of the techniques, considering the relevance and reliability of the inputs used and the extent of the available data.

Special considerations in applying the acquisition method to combinations of mutual entities (application of paragraph 33)

B47 When two mutual entities combine, the fair value of the equity or member interests in the acquiree (or the fair value of the acquiree) may be more reliably measurable than the fair value of the member interests transferred by the acquirer. In that situation, paragraph 33 requires the acquirer to determine the amount of goodwill by using the acquisition-date fair value of the acquiree's equity interests instead of the acquisition-date fair value of the acquirer's equity interests transferred as consideration. In addition, the acquirer in a combination of mutual entities shall recognise the acquiree's net assets as a direct addition to capital or equity in its statement of financial position, not as an addition to retained earnings, which is consistent with the way in which other types of entities apply the acquisition method.

B48 Although they are similar in many ways to other businesses, mutual entities have distinct characteristics that arise primarily because their members are both customers and owners. Members of mutual entities generally expect to receive benefits for their membership, often in the form of reduced fees charged for goods and services or patronage dividends. The portion of patronage dividends allocated to each member is often based on the amount of business the member did with the mutual entity during the year.

B49 A fair value measurement of a mutual entity should include the assumptions that market participants would make about future member benefits as well as any other relevant assumptions market participants would make about the mutual entity. For example, an estimated cash flow model may be used to determine the fair value of a mutual entity. The cash flows used as inputs to the model should be based on the expected cash flows of the mutual entity, which are likely to reflect reductions for member benefits, such as reduced fees charged for goods and services.

Determining what is part of the business combination transaction (application of paragraphs 51 and 52)

B50 The acquirer should consider the following factors, which are neither mutually exclusive nor individually conclusive, to determine whether a transaction is part of the exchange for the acquiree or whether the transaction is separate from the business combination:

(a) **the reasons for the transaction**—Understanding the reasons why the parties to the combination (the acquirer and the acquiree and their owners, directors and managers—and their agents) entered into a particular transaction or arrangement may provide insight into whether it is part of the consideration transferred and the assets acquired or liabilities assumed. For example, if a transaction is arranged primarily for the benefit of the acquirer or the combined entity rather than primarily for the benefit of the acquiree or its former owners before the combination, that portion of the transaction price paid (and any related assets or liabilities) is less likely to be part of the exchange for the acquiree. Accordingly, the acquirer would account for that portion separately from the business combination.

(b) **who initiated the transaction**—Understanding who initiated the transaction may also provide insight into whether it is part of the exchange for the acquiree. For example, a transaction or other event that is initiated by the acquirer may be entered into for the purpose of providing future economic benefits to the acquirer or combined entity with little or no benefit received by the acquiree or its former owners before the combination. On the other hand, a transaction or arrangement initiated by the acquiree or its former owners is less likely to be for the benefit of the acquirer or the combined entity and more likely to be part of the business combination transaction.

(c) **the timing of the transaction**—The timing of the transaction may also provide insight into whether it is part of the exchange for the acquirer. For example, a transaction between the acquirer and the acquiree that takes place during the negotiations of the terms of a business combination may have been entered into in contemplation of the business combination to provide future economic benefits to the acquirer or the combined entity. If so, the acquiree or its former owners before the business combination are likely to receive little or no benefit from the transaction except for benefits they receive as part of the combined entity.

Effective settlement of a pre-existing relationship between the acquirer and acquiree in a business combination (application of paragraph 52(a))

B51　The acquirer and acquiree may have a relationship that existed before they contemplated the business combination, referred to here as a 'pre-existing relationship'. A pre-existing relationship between the acquirer and acquiree may be contractual (for example, vendor and customer or licensor and licensee) or non-contractual (for example, plaintiff and defendant).

B52　If the business combination in effect settles a pre-existing relationship, the acquirer recognises a gain or loss, measured as follows:

(a) for a pre-existing non-contractual relationship (such as a lawsuit), fair value.

(b) for a pre-existing contractual relationship, the lesser of (i) and (ii):

  (i) the amount by which the contract is favourable or unfavourable from the perspective of the acquirer when compared with terms for current market transactions for the same or similar items. (An unfavourable contract is a contract that is unfavourable in terms of current market terms. It is not necessarily an onerous contract in which the unavoidable costs of meeting the obligations under the contract exceed the economic benefits expected to be received under it.)

  (ii) the amount of any stated settlement provisions in the contract available to the counterparty to whom the contract is unfavourable.

If (ii) is less than (i), the difference is included as part of the business combination accounting.

The amount of gain or loss recognised may depend in part on whether the acquirer had previously recognised a related asset or liability, and the reported gain or loss therefore may differ from the amount calculated by applying the above requirements.

B53　A pre-existing relationship may be a contract that the acquirer recognises as a reacquired right. If the contract includes terms that are favourable or unfavourable when compared with pricing for current market transactions for the same or similar items, the acquirer recognises, separately from the business combination, a gain or loss for the effective settlement of the contract, measured in accordance with paragraph B52.

Arrangements for contingent payments to employees or selling shareholders (application of paragraph 52(b))

B54　Whether arrangements for contingent payments to employees or selling shareholders are contingent consideration in the business combination or are separate transactions depends on the nature of the arrangements. Understanding the reasons why the acquisition agreement includes a provision for contingent payments, who initiated the arrangement and when the parties entered into the arrangement may be helpful in assessing the nature of the arrangement.

B55 If it is not clear whether an arrangement for payments to employees or selling shareholders is part of the exchange for the acquiree or is a transaction separate from the business combination, the acquirer should consider the following indicators:

(a) *Continuing employment*—The terms of continuing employment by the selling shareholders who become key employees may be an indicator of the substance of a contingent consideration arrangement. The relevant terms of continuing employment may be included in an employment agreement, acquisition agreement or some other document. A contingent consideration arrangement in which the payments are automatically forfeited if employment terminates is remuneration for post-combination services. Arrangements in which the contingent payments are not affected by employment termination may indicate that the contingent payments are additional consideration rather than remuneration.

(b) *Duration of continuing employment*—If the period of required employment coincides with or is longer than the contingent payment period, that fact may indicate that the contingent payments are, in substance, remuneration.

(c) *Level of remuneration*—Situations in which employee remuneration other than the contingent payments is at a reasonable level in comparison with that of other key employees in the combined entity may indicate that the contingent payments are additional consideration rather than remuneration.

(d) *Incremental payments to employees*—If selling shareholders who do not become employees receive lower contingent payments on a per-share basis than the selling shareholders who become employees of the combined entity, that fact may indicate that the incremental amount of contingent payments to the selling shareholders who become employees is remuneration.

(e) *Number of shares owned*—The relative number of shares owned by the selling shareholders who remain as key employees may be an indicator of the substance of the contingent consideration arrangement. For example, if the selling shareholders who owned substantially all of the shares in the acquiree continue as key employees, that fact may indicate that the arrangement is, in substance, a profit-sharing arrangement intended to provide remuneration for post-combination services. Alternatively, if selling shareholders who continue as key employees owned only a small number of shares of the acquiree and all selling shareholders receive the same amount of contingent consideration on a per-share basis, that fact may indicate that the contingent payments are additional consideration. The pre-acquisition ownership interests held by parties related to selling shareholders who continue as key employees, such as family members, should also be considered.

(f) *Linkage to the valuation*—If the initial consideration transferred at the acquisition date is based on the low end of a range established in the valuation of the acquiree and the contingent formula relates to that valuation approach, that fact may suggest that the contingent payments are additional consideration. Alternatively, if the contingent payment formula is consistent with prior profit-sharing arrangements, that fact may suggest that the substance of the arrangement is to provide remuneration.

(g) *Formula for determining consideration*—The formula used to determine the contingent payment may be helpful in assessing the substance of the arrangement. For example, if a contingent payment is determined on the basis of a multiple of earnings, that might suggest that the obligation is contingent consideration in the business combination and that the formula is intended to establish or verify the fair value of the acquiree. In contrast, a contingent payment that is a specified percentage of earnings might suggest that the obligation to employees is a profit-sharing arrangement to remunerate employees for services rendered.

(h) *Other agreements and issues*—The terms of other arrangements with selling shareholders (such as agreements not to compete, executory contracts, consulting contracts and property lease agreements) and the income tax treatment of contingent payments may indicate that contingent payments are attributable to something other than consideration for the acquiree. For example, in connection with the acquisition, the acquirer might enter into a property lease arrangement with a significant selling shareholder. If the lease payments specified in the lease contract are significantly below market, some or all of the contingent payments to the lessor (the selling shareholder) required by a separate arrangement for contingent payments might be, in substance, payments for the use of the leased property that the acquirer should recognise separately in its post-combination financial statements. In contrast, if the lease contract specifies lease payments that are consistent with market terms for the leased property, the arrangement for contingent payments to the selling shareholder may be contingent consideration in the business combination.

Acquirer share-based payment awards exchanged for awards held by the acquiree's employees (application of paragraph 52(b))

B56 An acquirer may exchange its share-based payment awards[1] (replacement awards) for awards held by employees of the acquiree. Exchanges of share options or other share-based payment awards in conjunction with a business combination are accounted for as modifications of share-based payment awards in accordance with IFRS 2 *Share-based Payment*. If the acquirer replaces the acquiree awards, either all or a portion of the market-based measure of the acquirer's replacement awards shall be included in measuring the consideration transferred in the business combination. Paragraphs B57-B62 provide guidance on how to allocate the market-based measure.

However, in situations, in which acquiree awards would expire as a consequence of a business combination and if the acquirer replaces those awards when it is not obliged to do so, all of the market-based measure of the replacement awards shall be recognised as remuneration cost in the post-combination financial statements in accordance with IFRS 2. That is to say, none of the market-based measure of those awards shall be included in measuring the consideration transferred in the business combination. The acquirer is obliged to replace the acquiree awards if the acquiree or its employees have the ability to enforce replacement. For example, for the purposes of applying this guidance, the acquirer is obliged to replace the acquiree's awards if replacement is required by:

(a) the terms of the acquisition agreement;

(b) the terms of the acquiree's awards; or

(c) applicable laws or regulations.

In some situations, acquiree awards may expire as a consequence of a business combination. If the acquirer replaces those awards even though it is not obliged to do so, all of the market-based measure of the replacement awards shall be recognised as remuneration cost in the post-combination financial statements. That is to say, none of the market-based measure of those awards shall be included in measuring the consideration transferred in the business combination.

B57 To determine the portion of a replacement award that is part of the consideration transferred for the acquiree and the portion that is remuneration for post-combination service, the acquirer shall measure both the replacement awards granted by the acquirer and the acquiree awards as of the acquisition date in accordance with IFRS 2. The portion of the market-based measure of the replacement award that is part of the consideration transferred in exchange for the acquiree equals the portion of the acquiree award that is attributable to pre-combination service.

B58 The portion of the replacement award attributable to pre-combination service is the market-based measure of the acquiree award multiplied by the ratio of the portion of the vesting period completed to the greater of the total vesting period or the original vesting period of the acquiree award. The vesting period is the period during which all the specified vesting conditions are to be satisfied. Vesting conditions are defined in IFRS 2.

B59 The portion of a non-vested replacement award attributable to post-combination service, and therefore recognised as remuneration cost in the post-combination financial statements, equals the total market-based measure of the replacement award less the amount attributed to pre-combination service. Therefore, the acquirer attributes any excess of the market-based measure of the replacement award over the market-based measure of the acquiree award to post-combination service and recognises that excess as remuneration cost in the post-combination financial statements. The acquirer shall attribute a portion of a replacement award to post-combination service if it requires post-combination service, regardless of whether employees had rendered all of the service required for their acquiree awards to vest before the acquisition date.

---

[1] In paragraphs B56-B62 the term 'share-based payment awards' refers to vested or unvested share-based payment transactions.

B60 The portion of a non-vested replacement award attributable to pre-combination service, as well as the portion attributable to post-combination service, shall reflect the best available estimate of the number of replacement awards expected to vest. For example, if the market-based measure of the portion of a replacement award attributed to pre-combination service is CU100 and the acquirer expects that only 95 per cent of the award will vest, the amount included in consideration transferred in the business combination is CU95. Changes in the estimated number of replacement awards expected to vest are reflected in remuneration cost for the periods in which the changes or forfeitures occur—not as adjustments to the consideration transferred in the business combination. Similarly, the effects of other events, such as modifications or the ultimate outcome of awards with performance conditions, that occur after the acquisition date are accounted for in accordance with IFRS 2 in determining remuneration cost for the period in which an event occurs.

B61 The same requirements for determining the portions of a replacement award attributable to pre-combination and post-combination service apply regardless of whether a replacement award is classified as a liability or as an equity instrument in accordance with the provisions of IFRS 2. All changes in the market-based measure of awards classified as liabilities after the acquisition date and the related income tax effects are recognised in the acquirer's post-combination financial statements in the period(s) in which the changes occur.

B62 The income tax effects of replacement awards of share-based payments shall be recognised in accordance with the provisions of IAS 12 *Income Taxes*.

Equity-settled share-based payment transactions of the acquiree

B62A The acquiree may have outstanding share-based payment transactions that the acquirer does not exchange for its share-based payment transactions. If vested, those acquiree share-based payment transactions are part of the non-controlling interest in the acquiree and are measured at their market-based measure. If unvested, they are measured at their market-based measure as if the acquisition date were the grant date in accordance with paragraphs 19 and 30.

B62B The market-based measure of unvested share-based payment transactions is allocated to the non-controlling interest on the basis of the ratio of the portion of the vesting period completed to the greater of the total vesting period or the original vesting period of the share-based payment transaction. The balance is allocated to post-combination service.

Other IFRSs that provide guidance on subsequent measurement and accounting (application of paragraph 54)

B63 Examples of other IFRSs that provide guidance on subsequently measuring and accounting for assets acquired and liabilities assumed or incurred in a business combination include:

(a) IAS 38 prescribes the accounting for identifiable intangible assets acquired in a business combination. The acquirer measures goodwill at the amount recognised at the acquisition date less any accumulated impairment losses. IAS 36 *Impairment of Assets* prescribes the accounting for impairment losses.

(b) IFRS 4 *Insurance Contracts* provides guidance on the subsequent accounting for an insurance contract acquired in a business combination.

(c) IAS 12 prescribes the subsequent accounting for deferred tax assets (including unrecognised deferred tax assets) and liabilities acquired in a business combination.

(d) IFRS 2 provides guidance on subsequent measurement and accounting for the portion of replacement share-based payment awards issued by an acquirer that is attributable to employees' future services.

(e) IAS 27 (as amended by the International Accounting Standards Board in 2008) provides guidance on accounting for changes in a parent's ownership interest in a subsidiary after control is obtained.

Disclosures (application of paragraphs 59 and 61)

B64 To meet the objective in paragraph 59, the acquirer shall disclose the following information for each business combination that occurs during the reporting period:

(a) the name and a description of the acquiree.

(b) the acquisition date.

(c) the percentage of voting equity interests acquired.

(d) the primary reasons for the business combination and a description of how the acquirer obtained control of the acquiree.

(e) a qualitative description of the factors that make up the goodwill recognised, such as expected synergies from combining operations of the acquiree and the acquirer, intangible assets that do not qualify for separate recognition or other factors.

(f) the acquisition-date fair value of the total consideration transferred and the acquisition-date fair value of each major class of consideration, such as:

(i) cash;

(ii) other tangible or intangible assets, including a business or subsidiary of the acquirer;

(iii) liabilities incurred, for example, a liability for contingent consideration; and

(iv) equity interests of the acquirer, including the number of instruments or interests issued or issuable and the method of determining the fair value of those instruments or interests.

(g) for contingent consideration arrangements and indemnification assets:

(i) the amount recognised as of the acquisition date;

(ii) a description of the arrangement and the basis for determining the amount of the payment; and

(iii) an estimate of the range of outcomes (undiscounted) or, if a range cannot be estimated, that fact and the reasons why a range cannot be estimated. If the maximum amount of the payment is unlimited, the acquirer shall disclose that fact.

(h) for acquired receivables:

(i) the fair value of the receivables;

(ii) the gross contractual amounts receivable; and

(iii) the best estimate at the acquisition date of the contractual cash flows not expected to be collected.

The disclosures shall be provided by major class of receivable, such as loans, direct finance leases and any other class of receivables.

(i) the amounts recognised as of the acquisition date for each major class of assets acquired and liabilities assumed.

(j) for each contingent liability recognised in accordance with paragraph 23, the information required in paragraph 85 of IAS 37 *Provisions, Contingent Liabilities and Contingent Assets*. If a contingent liability is not recognised because its fair value cannot be measured reliably, the acquirer shall disclose:

(i) the information required by paragraph 86 of IAS 37; and

(ii) the reasons why the liability cannot be measured reliably.

(k) the total amount of goodwill that is expected to be deductible for tax purposes.

(l) for transactions that are recognised separately from the acquisition of assets and assumption of liabilities in the business combination in accordance with paragraph 51:

   (i) a description of each transaction;

   (ii) how the acquirer accounted for each transaction;

   (iii) the amounts recognised for each transaction and the line item in the financial statements in which each amount is recognised; and

   (iv) if the transaction is the effective settlement of a pre-existing relationship, the method used to determine the settlement amount.

(m) the disclosure of separately recognised transactions required by (l) shall include the amount of acquisition-related costs and, separately, the amount of those costs recognised as an expense and the line item or items in the statement of comprehensive income in which those expenses are recognised. The amount of any issue costs not recognised as an expense and how they were recognised shall also be disclosed.

(n) in a bargain purchase (see paragraphs 34–36):

   (i) the amount of any gain recognised in accordance with paragraph 34 and the line item in the statement of comprehensive income in which the gain is recognised; and

   (ii) a description of the reasons why the transaction resulted in a gain.

(o) for each business combination in which the acquirer holds less than 100 per cent of the equity interests in the acquiree at the acquisition date:

   (i) the amount of the non-controlling interest in the acquiree recognised at the acquisition date and the measurement basis for that amount; and

   (ii) for each non-controlling interest in an acquiree measured at fair value, the valuation techniques and key model inputs used for determining that value.

(p) in a business combination achieved in stages:

   (i) the acquisition-date fair value of the equity interest in the acquiree held by the acquirer immediately before the acquisition date; and

   (ii) the amount of any gain or loss recognised as a result of remeasuring to fair value the equity interest in the acquiree held by the acquirer before the business combination (see paragraph 42) and the line item in the statement of comprehensive income in which that gain or loss is recognised.

(q) the following information:

   (i) the amounts of revenue and profit or loss of the acquiree since the acquisition date included in the consolidated statement of comprehensive income for the reporting period; and

   (ii) the revenue and profit or loss of the combined entity for the current reporting period as though the acquisition date for all business combinations that occurred during the year had been as of the beginning of the annual reporting period.

If disclosure of any of the information required by this subparagraph is impracticable, the acquirer shall disclose that fact and explain why the disclosure is impracticable. This IFRS uses the term 'impracticable' with the same meaning as in IAS 8 *Accounting Policies, Changes in Accounting Estimates and Errors*.

B65 For individually immaterial business combinations occurring during the reporting period that are material collectively, the acquirer shall disclose in aggregate the information required by paragraph B64(e)–(q).

B66 If the acquisition date of a business combination is after the end of the reporting period but before the financial statements are authorised for issue, the acquirer shall disclose the information required by paragraph B64 unless the initial accounting for the business combination is incomplete at the time the financial statements are authorised for issue. In that situation, the acquirer shall describe which disclosures could not be made and the reasons why they cannot be made.

B67 To meet the objective in paragraph 61, the acquirer shall disclose the following information for each material business combination or in the aggregate for individually immaterial business combinations that are material collectively:

(a) if the initial accounting for a business combination is incomplete (see paragraph 45) for particular assets, liabilities, non-controlling interests or items of consideration and the amounts recognised in the financial statements for the business combination thus have been determined only provisionally:

(i) the reasons why the initial accounting for the business combination is incomplete;

(ii) the assets, liabilities, equity interests or items of consideration for which the initial accounting is incomplete; and

(iii) the nature and amount of any measurement period adjustments recognised during the reporting period in accordance with paragraph 49.

(b) for each reporting period after the acquisition date until the entity collects, sells or otherwise loses the right to a contingent consideration asset, or until the entity settles a contingent consideration liability or the liability is cancelled or expires:

(i) any changes in the recognised amounts, including any differences arising upon settlement;

(ii) any changes in the range of outcomes (undiscounted) and the reasons for those changes; and

(iii) the valuation techniques and key model inputs used to measure contingent consideration.

(c) for contingent liabilities recognised in a business combination, the acquirer shall disclose the information required by paragraphs 84 and 85 of IAS 37 for each class of provision.

(d) a reconciliation of the carrying amount of goodwill at the beginning and end of the reporting period showing separately:

(i) the gross amount and accumulated impairment losses at the beginning of the reporting period.

(ii) additional goodwill recognised during the reporting period, except goodwill included in a disposal group that, on acquisition, meets the criteria to be classified as held for sale in accordance with IFRS 5 *Non-current Assets Held for Sale and Discontinued Operations*.

(iii) adjustments resulting from the subsequent recognition of deferred tax assets during the reporting period in accordance with paragraph 67.

(iv) goodwill included in a disposal group classified as held for sale in accordance with IFRS 5 and goodwill derecognised during the reporting period without having previously been included in a disposal group classified as held for sale.

(v) impairment losses recognised during the reporting period in accordance with IAS 36. (IAS 36 requires disclosure of information about the recoverable amount and impairment of goodwill in addition to this requirement.)

(vi) net exchange rate differences arising during the reporting period in accordance with IAS 21 *The Effects of Changes in Foreign Exchange Rates*.

(vii) any other changes in the carrying amount during the reporting period.

		(viii)	the gross amount and accumulated impairment losses at the end of the reporting period.

(e) the amount and an explanation of any gain or loss recognised in the current reporting period that both:

    (i) relates to the identifiable assets acquired or liabilities assumed in a business combination that was effected in the current or previous reporting period; and

    (ii) is of such a size, nature or incidence that disclosure is relevant to understanding the combined entity's financial statements.

Transitional provisions for business combinations involving only mutual entities or by contract alone (application of paragraph 66)

B68 Paragraph 64 provides that this IFRS applies prospectively to business combinations for which the acquisition date is on or after the beginning of the first annual reporting period beginning on or after 1 July 2009. Earlier application is permitted. However, an entity shall apply this IFRS only at the beginning of an annual reporting period that begins on or after 30 June 2007. If an entity applies this IFRS before its effective date, the entity shall disclose that fact and shall apply IAS 27 (as amended by the International Accounting Standards Board in 2008) at the same time.

B69 The requirement to apply this IFRS prospectively has the following effect for a business combination involving only mutual entities or by contract alone if the acquisition date for that business combination is before the application of this IFRS:

(a) *Classification*—An entity shall continue to classify the prior business combination in accordance with the entity's previous accounting policies for such combinations.

(b) *Previously recognised goodwill*—At the beginning of the first annual period in which this IFRS is applied, the carrying amount of goodwill arising from the prior business combination shall be its carrying amount at that date in accordance with the entity's previous accounting policies. In determining that amount, the entity shall eliminate the carrying amount of any accumulated amortisation of that goodwill and the corresponding decrease in goodwill. No other adjustments shall be made to the carrying amount of goodwill.

(c) *Goodwill previously recognised as a deduction from equity*—The entity's previous accounting policies may have resulted in goodwill arising from the prior business combination being recognised as a deduction from equity. In that situation the entity shall not recognise that goodwill as an asset at the beginning of the first annual period in which this IFRS is applied. Furthermore, the entity shall not recognise in profit or loss any part of that goodwill when it disposes of all or part of the business to which that goodwill relates or when a cash-generating unit to which the goodwill relates becomes impaired.

(d) *Subsequent accounting for goodwill*—From the beginning of the first annual period in which this IFRS is applied, an entity shall discontinue amortising goodwill arising from the prior business combination and shall test goodwill for impairment in accordance with IAS 36.

(e) *Previously recognised negative goodwill*—An entity that accounted for the prior business combination by applying the purchase method may have recognised a deferred credit for an excess of its interest in the net fair value of the acquiree's identifiable assets and liabilities over the cost of that interest (sometimes called negative goodwill). If so, the entity shall derecognise the carrying amount of that deferred credit at the beginning of the first annual period in which this IFRS is applied with a corresponding adjustment to the opening balance of retained earnings at that date.

Kommentierung

IFRS 3 – Übersicht

	Rn
I. Regelungsgehalt	1 – 11
II. Normzweck und Anwendungsbereich	12 – 35
III. Begriffe	36 – 48
VI. Identifizierung eines Unternehmenszusammenschlusses	49 – 50
V. Erwerbsmethode	51 – 137
1. Identifizierung des Erwerbers	53 – 69
2. Bestimmung des Erwerbszeitpunktes	70
3. Ansatz und Bewertung der erworbenen identifizierbaren Vermögenswerte und Schulden	71 – 104
4. Ansatz und Bewertung der Anteile nicht beherrschender Gesellschafter	105 – 115
5. Ansatz und Bewertung des Geschäfts- oder Firmenwertes	116 – 127
6. Bilanzierung von Unternehmenszusammenschlüssen in Sonderfällen	128 – 132
7. Bewertungszeitraum	133 – 134
8. Bestimmung des Umfangs des Unternehmenszusammenschlusses	135 – 137
VI. Folgebilanzierung	138 – 150
VII. Ausweis und Angaben	151 – 174
VIII. Inkrafttreten und Übergangsvorschriften	175 – 183
IX. IFRS für kleine und mittelgroße Unternehmen	184 – 199
X. Ausblick	200 – 204

I. Regelungsgehalt. IFRS 3 *Business Combinations* regelt die Bilanzierung von Unternehmenszusammenschlüssen. Als **Unternehmenszusammenschluss** gilt dabei jede Transaktion oder anderes Ereignis, durch das ein Erwerber die Beherrschung über einen oder mehrere Geschäftsbetriebe erlangt. Auf den Unternehmenszusammenschluss ist die **Erwerbsmethode** (acquisition method) anzuwenden, dh die Erstkonsolidierung muss unter Aufdeckung der stillen Reserven des erworbenen Unternehmens erfolgen. Die Fortführung der Buchwerte des erworbenen Unternehmens (pooling-of-interest method) ist nicht erlaubt.

Die Erwerbsmethode setzt sich aus den folgenden Schritten zusammen:

Bestimmung des Erwerbers: Erwerber ist die Partei, die die Beherrschung (control) über das andere Unternehmen oder den Geschäftsbetrieb erhält. Zur Bestimmung des Erwerbers ist insofern zunächst auf die Vorschriften zum Beherrschungsbegriff in IAS 27 *Consolidated and Separate Financial Statements* bzw. IFRS 10 *Consolidation Financial Statements* Bezug zu nehmen. IFRS 3 enthält aber weitere Anwendungshinweise zur Bestimmung des Erwerbers.

4 **Bestimmung des Erwerbszeitpunktes**: Stichtag des Unternehmenszusammenschlusses ist der Zeitpunkt, zu dem der Erwerber die Beherrschung über das erworbene Unternehmen bzw. den erworbenen Geschäftsbetrieb erhält. Der Erwerbszeitpunkt kann in Einzelfällen vom Zeitpunkt des Übergangs des rechtlichen Eigentums abweichen. Dies ist zB dann der Fall, wenn dem Erwerber bereits vor Übergang des rechtlichen Eigentums aufgrund vertraglicher Vereinbarung das Recht zusteht, die Mehrheit der Mitglieder des Aufsichts- oder Leitungsorgans zu benennen.

5 **Bilanzierung der identifizierbaren Vermögenswerte und Schulden sowie der Anteile nicht beherrschender Gesellschafter**: Der Erwerber bilanziert zum Erwerbszeitpunkt alle erworbenen Vermögenswerte und Schulden sowie die Anteile nicht beherrschender Gesellschafter. Der Ansatz der Vermögenswerte und Schulden erfolgt unabhängig von der Frage, ob diese bereits vom erworbenen Unternehmen bilanziert wurden. Im Rahmen der Bilanzierung des Unternehmenszusammenschlusses kann es daher insbesondere zur erstmaligen Erfassung immaterieller Vermögenswerte kommen, die beim erworbenen Unternehmen aufgrund des Ansatzverbotes für selbst geschaffene immaterielle Vermögenswerte nicht bilanziert werden durften. Umgekehrt ergibt sich aus der Vorschrift ein Bilanzierungsverbot für Restrukturierungsrückstellungen. IFRS 3 sieht eine Reihe von Sonderregelungen für die Erst- und Folgebilanzierung ausgewählter Vermögenswerte und Schulden vor.

6 Die Anteile nicht beherrschender Gesellschafter (non-controlling interest) bezeichnen den Anteil des Eigenkapitals des Tochterunternehmens, der weder direkt noch indirekt dem Mutterunternehmen zurechenbar ist. Sie können zum Erwerbszeitpunkt wahlweise mit dem beizulegenden Zeitwert oder mit dem Saldo des den nicht beherrschenden Gesellschaften zustehenden Anteils an den identifizierbaren Vermögenswerten und Schulden des erworbenen Unternehmens bewertet werden. Im Ergebnis ergibt sich hieraus ein Wahlrecht, die Anteile nicht beherrschender Gesellschafter mit oder ohne Berücksichtigung des auf sie entfallenden Geschäfts- oder Firmenwertes zu bewerten.

7 **Bilanzierung des Geschäfts- oder Firmenwertes**: Der Geschäfts- oder Firmenwert (goodwill) ist nur indirekt als Residualgröße definiert. Er repräsentiert den künftigen wirtschaftlichen Nutzen aus Vermögenswerten, die nicht einzeln identifiziert und separat angesetzt werden können. Er ermittelt sich als Differenz:

(a) der Summe

   (i) des beizulegenden Zeitwertes der entrichteten Kaufpreiszahlung,

   (ii) des Wertes der Anteile der nicht beherrschenden Gesellschafter und

   (iii) ggf. des beizulegenden Zeitwertes einer bereits vor dem Unternehmenszusammenschluss gehaltenen Beteiligung an dem übernommenen Geschäftsbetrieb und

(b) der den erworbenen Vermögenswerten und übernommenen Verbindlichkeiten beizulegenden Werte im Erwerbszeitpunkt.

Ergibt sich aus der Berechnung ein negativer Unterschiedsbetrag, sind zunächst die vorgenommenen Berechnungsschritte einer nochmaligen Prüfung zu unterziehen. Erst dann wird der verbleibende negative Unterschiedsbetrag als sofort realisierter Gewinn aus dem Unternehmenszusammenschluss verbucht.

8 Die im Rahmen der Bestimmung des Geschäfts- oder Firmenwertes anzusetzende **Kaufpreiszahlung** umfasst alle für den Erwerb des Geschäftsbetriebes geleisteten Barzahlungen, übertragenen Vermögenswerte, übernommenen Schulden und ausgegebenen Eigenkapitalinstrumente. Zur Kaufpreiszahlung gehören auch bedingte Kaufpreiszahlungen (contingent consideration). IFRS 3 spricht von bedingten Kaufpreiszahlungen, wenn Veräußerer und Erwerber die Entrichtung zusätzlicher Zahlungen bzw. Rückerstattungen vereinbaren, falls bestimmte zuvor festgelegte Ereignisse eintreten oder Bedingungen

erfüllt sind. Die Bewertung der Kaufpreiszahlung erfolgt zum beizulegenden Zeitwert im Erwerbszeitpunkt. Transaktionskosten werden in der Regel als Aufwand erfasst.

Besaß der Erwerber bereits vor dem Unternehmenszusammenschluss Anteile an dem erworbenen Geschäftsbetrieb, gehen diese in die Bestimmung des Geschäfts- oder Firmenwerts mit dem beizulegenden Zeitwert ein. Wurden die Anteile bisher nicht mit dem beizulegenden Zeitwert bewertet, ergibt sich ein Bewertungsgewinn oder –verlust.

Die Identifizierung und Bewertung der erworbenen Vermögenswerte und Schulden ist zeitintensiv und kann oft mehrere Monate dauern. Ist dieser Prozess bis zur Aufstellung des nächsten Abschlusses noch nicht abgeschlossen, erlaubt IFRS 3 den Ansatz provisorischer Werte, die dann später angepasst werden müssen.

IFRS 3 verpflichtet den Erwerber, schließlich, **Anhangangaben** zu machen, die den Abschlussadressaten in die Lage versetzen, die Art und die finanziellen Auswirkungen des Unternehmenszusammenschlusses zum Erwerbszeitpunkt und in den Folgeperioden zu beurteilen.[1]

II. Normzweck und Anwendungsbereich. Zielsetzung des Standards ist es gemäß IFRS 3.1, die Relevanz, Verlässlichkeit und Vergleichbarkeit der Informationen zu verbessern, die ein berichtendes Unternehmen über einen Unternehmenszusammenschluss liefert. IFRS 3 enthält zu diesem Zweck Vorschriften zum Ansatz und zur Bewertung der erworbenen identifizierbaren Vermögenswerte und Schulden, der Anteile nicht beherrschender Gesellschafter sowie des Geschäfts- oder Firmenwertes. Zusätzlich schreibt der Standard eine Reihe von Anhangangaben vor, die die Bilanzadressaten in die Lage versetzen sollen, die Art und die finanziellen Auswirkungen des Unternehmenszusammenschlusses beurteilen zu können.

Es handelt sich bei IFRS 3 um einen transaktionsbasierten Standard, dessen Schwerpunkt auf der erstmaligen Erfassung der im Rahmen eines Unternehmenszusammenschlusses erworbenen Vermögenswerte, Schulden und Anteile nicht beherrschender Gesellschafter liegt. Die Vorschriften zur laufenden Konsolidierung von Tochterunternehmen sind nicht in IFRS 3 sondern in IAS 27 bzw. IFRS 10 geregelt.[2]

Die folgenden Transaktionen sind gemäß IFRS 3.2 vom **Anwendungsbereich** ausgenommen:

(1) Die Gründung eines Gemeinschaftsunternehmens. Die Gründung eines Gemeinschaftsunternehmens (joint venture) ist von den Vorschriften in IFRS 3 ausgenommen. Stattdessen sollen die besonderen Vorschriften für Gemeinschaftsunternehmen, in IAS 31 *Investments in Joint Ventures* bzw. IFRS 13 Joint Arrangement zur Anwendung kommen.

Die Regelung wird derzeit im Rahmen des Annual Improvements Projektes des IASB in zweifacher Hinsicht überarbeitet. Zunächst wird der Begriff Joint Venture durch den Begriff Joint Arrangement ersetzt. IAS 31 benutzte den Begriff Joint Venture als Übergriff für verschiedene Formen der Zusammenarbeit (jointly controlled entities, joint operations und joint assets) benutzte. Der neue Standard IFRS 11 verwendet hier den Begriff des joint arrangement als Sammelbezeichnung für die verschiedenen Formen der Zusammenarbeit und bezeichnet nur noch in eigener Rechtsform gemeinschaftlich geführte Unternehmen als Joint Ventures. Das IASB hat es unterlassen bei der Veröffentlichung von IFRS 11 eine Folgeänderung der in IFRS 3 verwendeten Bezeichnungen vorzunehmen. Dies hätte zur Folge, dass künftig zwar joint ventures in der neuen Wortbedeutung, aber nicht mehr joint operations vom Anwendungsbereich des IFRS 3 ausgenommen wären. Das Annual Improvements Projekt soll diese unbeabsichtigte Änderung des Anwendungsbereiches wieder rückgängig machen und klarstellen, dass alle Joint Arrangements vom Anwendungsbereich des IFRS 3 ausgenommen sind.

---

1 Einen Überblick über die Regelungen in IFRS 3 geben ua: *Beyhs/Wagner* DB 2008, 73ff; *Buschhüter* Internationale Rechnungslegung, §6 Rn. 1ff; *Schwedler* KoR 2008, 135ff; *Quiring/Teixeira* Accountancy 2008, 72ff und 78ff.
2 Vgl *Lüdenbach* Haufe-Kommentar, Rn 1ff; *Deloitte (Hrsg.)* iGAAP, 1931f; *Ernst & Young (Hrsg.)* International GAAP, 535.

Das IASB hat sich darüber hinaus auch mit der Frage beschäftigt, ob sich die Freistellungsvorschrift auf die Abschlüsse der an einem Joint Arrangement beteiligten Parteien oder den Abschluss des Joint Arrangement selbst bezieht. Das IASB ist hier zu der Schlussfolgerung gekommen, dass die Abschlüsse der an einem Joint Arrangement beteiligten Parteien schon per Definition vom Anwendungsbereich des IFRS 3 ausgeschlossen sind. Ein Unternehmenserwerb setzt den Erwerb der Beherrschungsmacht über ein anderes Unternehmen oder einen anderen Geschäftsbetrieb voraus. Die ist aber bei der Gründung eines Joint Arrangements gerade nicht der Fall. Vielmehr verständigen sich hier die beteiligten Parteien auf die gemeinschaftliche Beherrschung des joint arrangement. Die Freistellungsregelung in IFRS 3 soll sich daher nur auf den Abschluss des joint arrangements selbst beziehen und auch diesen von den Regeln des IFRS 3 in der Gründungsphase freistellen. Im Ergebnis wird daher die Gründung eines joint arrangements weder im Abschluss des joint arrangements noch im Abschluss der an dem joint arrangement beteiligten Parteien als Unternehmenserwerb dargestellt.

Die dargestellten Änderungen gehen in den 2011-2013 Zyklus des Annual Improvements Projektes ein und sollen erstmalig in 2015 zeitgleich mit IFRS 11 angewendet werden.

16 **(2) Der Erwerb einer Gruppe von Vermögenswerten**. Soweit eine Gruppe von Vermögenswerten nicht die Definition eines Geschäftsbetriebs erfüllt, ist deren Erwerb gemäß IFRS 3.2(b) vom Anwendungsbereich des Standards ausgenommen. Stattdessen muss der Erwerber die Anschaffungskosten der Gruppe von Vermögenswerten nach Maßgabe der beizulegenden Zeitwerte der einzelnen Vermögenswerte und Schulden im Erwerbszeitpunkt den Vermögenswerten und Schulden zuordnen. Ein Geschäfts- oder Firmenwert wird dabei ebenso wenig erfasst wie die Anteile nicht beherrschender Gesellschafter.[3]

17 Erscheint die Vorschrift zunächst eindeutig, kann deren praktische Anwendung erhebliche Schwierigkeiten bereiten. Eine Bewertung zum beizulegenden Zeitwert ist nicht für alle Vermögenswerte und Schulden möglich oder sinnvoll. IFRS 3 verzichtet daher für Unternehmenszusammenschlüsse beispielsweise auf die Bewertung im Rahmen eines Unternehmenszusammenschlusses übernommener Pensionsverbindlichkeiten zum beizulegenden Zeitwert und schreibt eine Bewertung nach den Vorschriften in IAS 19 *Employee Benefits* vor. IFRS 3.2(b) sieht keine vergleichbaren Sonderregelungen für den Erwerb einer Gruppe von Vermögenswerten vor, so dass sich hier nach dem Wortlaut immer eine Pflicht zur Bewertung der erworbenen Vermögenswerte und Schulden mit dem beizulegenden Zeitwert ergibt. Ob diese Interpretation der Intention des IASB entspricht, ist indes fraglich. U.E. sollte eine analoge Anwendung der besonderen Bewertungsvorschriften in IFRS 3 zumindest kritisch geprüft werden.

18 **(3) Zusammenschlüsse von Unternehmen oder Geschäftsbetrieben unter gemeinsamer Beherrschung**: IFRS 3.2(c) schließt Zusammenschlüsse, an denen Unternehmen oder Geschäftsbetriebe unter gemeinsamer Beherrschung (combination of entities or businesses under common control) beteiligt sind, vom Anwendungsbereich des Standards aus. IFRS 3.B1 beschreibt eine solche Transaktion als einen Zusammenschluss, bei dem letztendlich alle sich zusammenschließenden Unternehmen oder Geschäftsbetriebe von derselben Partei oder denselben Parteien sowohl vor als auch nach dem Unternehmenszusammenschluss beherrscht werden und diese Beherrschung nicht nur vorübergehender Natur ist.

19 Der Begriff des Unternehmenszusammenschlusses unter gemeinsamer Beherrschung bringt zahlreiche Anwendungsfragen mit sich. Schwierigkeiten bereitet der Begriff zunächst, wenn die gemeinsame Beherrschung nicht von einer Partei, sondern einer **Gruppe von Unternehmen oder Personen** ausgeübt wird. IFRS 3.B2 nimmt bei einer Gruppe von Personen an, dass sie ein Unternehmen beherrscht, wenn sie aufgrund vertraglicher Vereinbarungen gemeinsam die Möglichkeit hat, dessen Finanz- und Geschäftspolitik zu bestimmen, um aus dessen Geschäftstätigkeiten Nutzen zu ziehen. Der Rückgriff auf das Vorliegen einer vertraglichen Vereinbarung dient der Objektivierung der Vorschrift. Die Regelung bedeutet aber auch, dass Personen, die ohne vertragliche Vereinbarung koordiniert handeln, bei strenger Auslegung des

---

3 Vgl *KPMG (Hrsg.)* Handbook Business Combinations, 6; *PwC (Hrsg.)* Global Guide to Business Combinations, 18 und 493ff; *Ernst & Young* (Hrsg.) International GAAP, 634

II. Normzweck und Anwendungsbereich

Wortlautes in IFRS 3.B2 keine gemeinsame Beherrschung ausüben. Diese Schlussfolgerung ist insbesondere bei Familienverhältnissen fraglich. Es ist wahrscheinlich, dass enge Familienmitglieder ihre Stimmrechte an dem Unternehmen gemeinsam ausüben. In Abhängigkeit von den Umständen des Einzelfalls kann es daher angebracht sein, das Vorliegen eines mündlichen Vertragsverhältnisses zu unterstellen.[4]

Eine weitere begriffliche Unklarheit konnte zwischenzeitlich durch das IFRIC gelöst werden. Nach IFRS 3.B1 darf ein gemeinsames Beherrschungsverhältnis nicht nur **vorübergehender Natur** sein. Das IFRIC diskutierte im Jahr 2006 Situationen, in denen zur Vorbereitung der späteren Veräußerung ein Geschäftsbereich zunächst in eine eigene Rechtseinheit ausgegliedert wurde. Das IFRIC stellte in diesem Zusammenhang klar, dass ein Beherrschungsverhältnis nicht schon alleine deshalb vorübergehender Natur ist, weil eine spätere Veräußerungsabsicht besteht.[5]

Unternehmenszusammenschlüsse unter gemeinsamer Beherrschung sind vom Anwendungsbereich des Standards ausgeschlossen. Andere IFRS, in denen sich explizite Regelungen zur Bilanzierung derartiger Transaktionen finden, gibt es ebenfalls nicht. Es besteht daher eine **Regelungslücke** bezüglich der bilanziellen Abbildung von Unternehmenszusammenschlüssen unter gemeinsamer Beherrschung, die einen Rückgriff auf die allgemeinen Grundsätze in IAS 8 *Accounting Policies, Changes in Accounting Estimates and Errors* zur Ausfüllung von Regelungslücken notwendig macht. IAS 8.10ff legen es bei Fehlen eines Standards oder einer Interpretation in das Entscheidungsermessen der Geschäftsleitung, welche Bilanzierungs- und Bewertungsmethoden zur Anwendung gelangen. Die angewendeten Methoden müssen aber zu zuverlässigen und an den Informationsbedürfnissen der Abschlussadressaten ausgerichteten Informationen führen.

Die Geschäftsleitung muss sich nach IAS 8.11(a) zunächst an den Vorschriften anderer Standards und Interpretationen, die sich mit ähnlichen Fragestellungen beschäftigen, orientieren. Zu denken wäre hier insbesondere an die analoge Anwendung von IFRS 3. Des Weiteren sieht IAS 8.12 vor, dass sich die Geschäftsleitung bei Regelungslücken der IFRS auf Verlautbarungen anderer Rechnungslegungsgremien, denen ein ähnliches Rahmenkonzept zugrunde liegt, auf weiterführende Fachliteratur sowie auf anerkannte Branchenpraktiken stützen kann. Hiernach besteht insbesondere die Möglichkeit, sich bei der Bilanzierung von Unternehmenszusammenschlüssen unter gemeinsamer Beherrschung an US GAAP anzulehnen. Aus dem im Rahmenkonzept geregelten Stetigkeitsgrundsatz ergibt sich, dass Unternehmenszusammenschlüsse unter gemeinsamer Beherrschung nach der gleichen Methode zu bilanzieren sind (sog. Grundsatz der Methodenstetigkeit).

Der Hauptfachausschuss des Instituts der Wirtschaftsprüfer hat in **IDW RS HFA 2** zur Bilanzierung von Unternehmenszusammenschlüssen unter gemeinsamer Beherrschung Stellung genommen. Hierbei gibt er mit dem separate reporting entity approach und dem sog. predecessor accounting zwei mögliche Vorgehensweisen bei der Bilanzierung vor.

Nach dem **separate reporting entity approach** sind Unternehmenszusammenschlüsse unter gemeinsamer Beherrschung, wie andere Unternehmenszusammenschlüsse auch, entsprechend den Vorschriften in IFRS 3 zu bilanzieren. Diese Interpretation ist auf IAS 8.11(a) zurückzuführen, wonach bei Fehlen einer konkreten Bilanzierungsvorschrift auf einen Standard zurückzugreifen ist, der einen ähnlich gelagerten Sachverhalt regelt. Nach IFRS 3.4 sind Unternehmenszusammenschlüsse mittels der Erwerbsmethode, also unter Aufdeckung stiller Reserven, zu bilanzieren.[6]

Als weitere Möglichkeit einer Abbildung von Unternehmenszusammenschlüssen unter gemeinsamer Beherrschung nennt IDW RS HFA 2 das sog. **predecessor accounting**, dem das Verständnis zugrunde liegt, ein Teilkonzernabschluss stelle lediglich einen Ausschnitt des Gesamtkonzernabschlusses

---

4 Vgl *KPMG (Hrsg.)* Insights, 165f; *PwC (Hrsg.)* IFRS Manual, Rn 25.124ff; *Ernst & Young (Hrsg.)* International GAAP, 761ff.
5 Zur genauen Formulierung der IFRIC Agenda Rejection vgl IASB Update March 2006, S 6; KPMG (Hrsg.) Insights, 166ff; PwC (Hrsg.) IFRS Manual, Rn 25.376; Ernst & Young (Hrsg.) International GAAP, 764ff.
6 KPMG (Hrsg.) Insights, 171; PwC (Hrsg.) IFRS Manual, Rn 25.381; Ernst & Young (Hrsg.) International GAAP, 772ff.

dar. Dieser Ansatz sieht die Fortführung der Konzernbuchwerte der veräußernden Partei im Zeitpunkt der Transaktion vor. Der Unterschiedsbetrag zwischen den Nettobuchwerten des erworbenen Unternehmens und den Anschaffungskosten des Unternehmenserwerbers wird mit dem Eigenkapital verrechnet.

26   Der Gedanke des Predecessor Accounting liegt den **US-amerikanischen Bilanzierungsvorschriften** zugrunde. Wie in Rn 23 dargestellt, ist über die Vorschrift des IAS 8.12 im Falle von Regelungslücken auch ein Rückgriff auf Regelungen anderer Rechnungslegungsgremien zulässig. Ähnlich wie in IFRS 3, sind Unternehmenserwerbe zwischen Unternehmen unter gemeinsamer Beherrschung vom Anwendungsbereich des Topic 805 *Business Combinations* ausgeschlossen. Topic 805 enthält allerdings einige weiterführende Vorschriften zur Bilanzierung solcher Transaktionen. Der Erwerber setzt danach bei einem Unternehmenszusammenschluss unter gemeinsamer Beherrschung die Vermögenswerte und Schulden des erworbenen Unternehmens mit den im Abschluss des Veräußerers bilanzierten Buchwerten an. Für den Fall, dass die beim letztendlich beherrschenden Unternehmen bilanzierten historischen Anschaffungskosten von den Buchwerten im Abschluss des Veräußerers abweichen, bilanziert der Erwerber in seinem Abschluss die erworbenen Vermögenswerte und Schulden zu den historischen Anschaffungskosten des Mutterunternehmens.

27   IAS 8.12 sieht allerdings keinen zwangsweisen Rückgriff auf U.S. GAAP vor, sondern lässt ebenso den Rückgriff auf Verlautbarungen anderer Rechnungslegungsgremien zu, denen ein ähnliches Rahmenkonzept zugrunde liegt (zB UK GAAP). Das Predecessor Accounting wird daher in der Bilanzierungspraxis nicht immer einheitlich angewendet. Abweichungen ergeben sich insbesondere bezüglich der Wahl der verwendeten Buchwerte. Hier kann einerseits die Ansicht vertreten werden, dass die Fortführung der bisherigen Konzernbuchwerte des veräußernden Unternehmens dem wirtschaftlichen Gehalt eines Unternehmenszusammenschlusses unter gemeinsamer Beherrschung am ehesten entspricht, soweit diese nur ein Mittel zum Zweck einer konzerninternen Umstrukturierung darstellt. In diesem Fall findet lediglich eine Verschiebung der Bilanzierung von Vermögenswerten und Schulden, jedoch keine Veränderung der letztendlichen Beherrschungsverhältnisse statt. Andererseits ist aber auch eine Übernahme der Buchwerte der Vermögenswerte und Schulden aus dem Einzelabschluss des erworbenen Unternehmens nicht zu beanstanden. Diese Alternative betrachtet Unternehmenszusammenschlüsse unter gemeinsamer Beherrschung aus der Perspektive des Erwerbers unabhängig von deren Einbindung in den Gesamtkonzern.[7]

28   Gelegentlich wird **Fresh-Start Accounting** als eine weitere Methode zur Bilanzierung von Unternehmenszusammenschlüssen unter gemeinsamer Beherrschung angeführt. Fresh-Start Accounting beruht auf dem Grundgedanken, dass sich zwei gleichberechtigte Partner zu einem neuen Unternehmen zusammenschließen. Im Gegensatz zum Predecessor Accounting werden die Vermögenswerte und Schulden beider Parteien einer vollständigen Neubewertung unterzogen. Die Bilanzierung von Unternehmenszusammenschlüssen unter gemeinsamer Beherrschung nach dem Fresh-Start Accounting kommt u. E. nicht in Betracht, da es zur Zeit von keinem Rechnungslegungssystem als Bilanzierungsmethode angewendet wird und daher eine analoge Anwendung der Vorschriften nicht möglich ist. Zu Beginn ihres gemeinsamen Projektes zur Bilanzierung von Unternehmenszusammenschlüssen hatten das FASB und das IASB zwar in Erwägung gezogen, in bestimmten Fällen Fresh-Start Accounting zuzulassen. Letztlich haben aber beide Gremien von einer Einführung dieser Bilanzierungsmethode abgesehen.[8]

Beispiel

Mutterunternehmen A beherrscht die Tochterunternehmen B und C. Aufgrund einer geplanten Neuordnung der konzerninternen Strukturen veranlasst A, dass seine 100%-Beteiligung an C von B erworben wird. A hält in der Folge keine direkte Beteiligung mehr an C, kann C jedoch aufgrund des Beteiligungsverhältnisses zu B weiterhin beherrschen.

---

7   Vgl *KPMG (Hrsg.)* Insights, 170f; *PwC (Hrsg.)* IFRS Manual, Rn 25.382ff; *Ernst & Young (Hrsg.)* International GAAP, 774ff.
8   Vgl *Ernst & Young (Hrsg.)* International GAAP, 767.

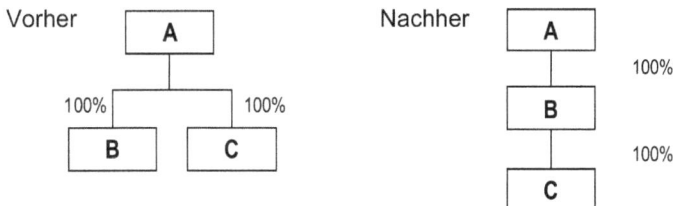

Der Erwerb von 100% der Anteile an C durch B stellt einen Unternehmenszusammenschluss unter gemeinsamer Beherrschung dar. Stellt B einen Teilkonzernabschluss auf, so ergibt sich für B ein Wahlrecht zur analogen Anwendung der Erwerbsmethode in IFRS 3. Ersatzweise kann ua auf die Vorschriften in Topic 805 zurückgegriffen werden, nach denen B die Buchwerte der erworbenen Vermögenswerte und Schulden im Konzernabschluss von A übernimmt.

Das Unternehmen muss die gewählte Vorgehensweise bei der bilanziellen Abbildung von Unternehmenszusammenschlüssen unter gemeinsamer Beherrschung im Anhang entsprechend IAS 1.103(a) und IAS 1.108 darstellen. Es stellt sich aber die Frage, inwieweit die vom Unternehmen gewählte Bilanzierungsmethode weitere Angabepflichten begründet. So erscheint bei Rückgriff auf die Erwerbsmethode eine analoge Anwendung der Angabepflichten in IFRS 3 angemessen. Zum Teil wird die analoge Anwendung der Angabepflichten in IFRS 3 auch bei Anwendung des Predecessor Accounting befürwortet.

Von hoher praktischer Bedeutung ist bei Anwendung des Predecessor Accounting auch die Frage, ob die analoge Anwendung der Vorschriften in Topic 805 eine Anpassung der Vorjahreszahlen bedingt. Nach U.S. GAAP enthält der Konzernabschluss des Erwerbers für die den Zusammenschluss umfassende Periode die Ergebnisse bzw. Vermögenswerte und Schulden des erworbenen Unternehmens, als ob der Zusammenschluss zu Beginn der Periode stattgefunden hätte. **Vorjahresperioden sind anzupassen**, soweit sie Zeiträume betreffen, in denen die Unternehmen unter gemeinsamer Beherrschung gestanden haben. Konzerninterne Transaktionen sind zu eliminieren. Der Erwerber hat außerdem den Namen und eine kurze Beschreibung des erworbenen Unternehmens sowie die für den Erwerb angewandte Bilanzierungsmethode anzugeben. Der Erwerber muss ferner die Vorschriften in Topic 850 *Related Party Disclosures* beachten. Die analoge Anwendung der in U.S. GAAP vorgeschriebenen Angabepflichten ist strittig und wird in der Praxis uneinheitlich gehandhabt.[9]

Exkurs: Unternehmenszusammenschlüsse unter gemeinsamer Beherrschung im separaten Einzelabschluss Die Bilanzierung separater Einzelabschlüsse ist in IAS 27 geregelt. IAS 27.38 sieht für Anteile an Tochterunternehmen, die nicht gemäß IFRS 5 *Non-current Assets Held for Sale and Discontinued Operations* als zur Veräußerung gehalten klassifiziert werden, ein Wahlrecht vor, die Anteile zu Anschaffungskosten oder in Übereinstimmung mit den Vorschriften in IAS 39 *Financial Instruments: Recognition and Measurement* bzw. IFRS 9 *Financial Instruments* zu bilanzieren. Unternehmensanteile müssen nach IAS 39 entweder als zur Veräußerung verfügbare finanzielle Vermögenswerte oder als erfolgswirksam zum beizulegenden Zeitwert bewertete finanzielle Vermögenswerte klassifiziert werden. Während die Erstbewertung solcher Vermögenswerte zu Anschaffungskosten stattfindet, erfolgt die Folgebewertung zum beizulegenden Zeitwert. Die Wertänderungen werden im Fall von zur Veräußerung verfügbaren finanziellen Vermögenswerten erfolgsneutral in den sonstigen Eigenkapitaländerungen bzw. für erfolgswirksam zum beizulegenden Zeitwert bewertete finanzielle Vermögenswerte erfolgswirksam in der Gewinn- und Verlustrechnung erfasst.

---

9 Vgl *KPMG (Hrsg.)* Insights, 175; *Ernst & Young (Hrsg.)* International GAAP, 777.

32 Es ist strittig, ob die Vorschriften in IAS 27 auch auf im Rahmen von Unternehmenszusammenschlüssen unter gemeinsamer Beherrschung erworbene Unternehmensanteile Anwendung finden. IAS 27 nimmt solche Transaktionen nicht ausdrücklich von seinem Anwendungsbereich aus, daher wird teilweise die Ansicht vertreten, dass IAS 27 auf solche Transaktionen uneingeschränkt Anwendung findet. Das IASB lehnt die **analoge Anwendung von Ausnahmeregelungen** in den IFRSs auf ähnliche Sachverhalte grundsätzlich ab. Zum Teil wird aber trotzdem die Ansicht vertreten, dass die Ausnahme vom Anwendungsbereich des IFRS 3 für Unternehmenszusammenschlüsse unter gemeinsamer Beherrschung auch analog auf IAS 27 angewendet werden darf. Folgt man dieser Auffassung erscheint insbesondere die Abbildung von Unternehmenszusammenschlüssen unter gemeinsamer Beherrschung im separaten Einzelabschluss zum Buchwert oder zum beizulegenden Zeitwert des übernommenen Unternehmens sachgerecht.[10]

33 IAS 27.42(c) enthält eine Angabepflicht für die bei der Bewertung des Anteilsbesitzes im separaten Einzelabschluss angewendeten Bilanzierungs- und Bewertungsmethoden. Eine entsprechende Angabe erscheint u. E. auch dann angebracht, wenn das bilanzierende Unternehmen, davon ausgeht, dass Unternehmenszusammenschlüsse unter gemeinsamer Beherrschung vom Anwendungsbereich des IAS 27 ausgeschlossen sind.[11]

34 Das IASB hat im Jahr 2008 einen **Sonderfall** der Bilanzierung von Unternehmenszusammenschlüssen unter gemeinsamer Beherrschung im separaten Einzelabschluss geregelt. IAS 27.38B schreibt nunmehr vor, dass eine Konzernrestrukturierung, die die Gründung einer neuen Holdinggesellschaft zum Gegenstand hat, immer dann zu Buchwerten bilanziert werden muss, wenn:

1. die Restrukturierung ausschließlich durch die Ausgabe von Eigenkapitalinstrumenten erfolgt,
2. die Vermögenswerte und Schulden nach der Restrukturierung mit denen vor der Restrukturierung übereinstimmen und
3. die Anteilseigner vor und nach der Restrukturierung absolut und im Verhältnis zu einander den gleichen Anteil am Konzernnettovermögen halten.

Das IASB misst IAS 27.38B jedoch ausdrücklich keine über den Einzelfall hinausgehende Bedeutung zu. IAS 27.BC66Q stellt klar, dass das IASB mit der Regelung nicht beabsichtigte, einem IASB Projekt zur Bilanzierung von Unternehmenszusammenschlüssen unter gemeinsamer Beherrschung vorwegzugreifen.

35 **(4) Unternehmenszusammenschlüsse von Unternehmen auf Gegenseitigkeit und Unternehmenszusammenschlüsse auf rein vertraglicher Basis**: Während Unternehmen auf Gegenseitigkeit (mutual entities), wie zB Genossenschaften, noch vom Anwendungsbereich der Vorgängerfassung IFRS 3 (2004) ausgenommen waren, sind seit Inkrafttreten von IFRS 3 (2008) auf solche Unternehmen die allgemeinen Regeln zur Bilanzierung von Unternehmenszusammenschlüssen vollumfänglich anzuwenden. IFRS 3.B47-B49 enthalten weiterführende Hinweise zur Anwendung der Erwerbsmethode auf Unternehmen auf Gegenseitigkeit. Insbesondere erkennt der Standard an, dass der beizulegende Zeitwert des Eigenkapital- oder Geschäftsanteils des erworbenen Unternehmens auf Gegenseitigkeit verlässlicher bestimmbar sein kann als der beizulegende Zeitwert des erwerbenden Unternehmens auf Gegenseitigkeit. In die Ermittlung des Geschäfts- oder Firmenwertes soll dann anstelle der als Kaufpreis übertragenen Eigenkapital- oder Geschäftsanteile des erwerbenden Unternehmens auf Gegenseitigkeit der beizulegende Zeitwert der Eigenkapital- oder Geschäftsanteile des erworbenen Unternehmens auf Gegenseitigkeit eingehen. Das erwerbende Unternehmen auf Gegenseitigkeit weist das Nettovermögen des erworbenen Unternehmens auf Gegenseitigkeit als unmittelbare Hinzufügung zum Kapital oder Ei-

---

10 Vgl *KPMG (Hrsg.)* Insights, 171ff.
11 Vgl *KPMG (Hrsg.)* Insights, 175.

genkapital aus. Die Vorschriften sind auf Unternehmenszusammenschlüsse auf rein vertraglicher Basis, also ohne Zahlung eines Kaufpreises, entsprechend anzuwenden.[12]

III. Begriffe. IFRS 3 Appendix A definiert einen **Unternehmenszusammenschluss** als eine Transaktion oder anderes Ereignis, durch das ein **Erwerber** (acquirer) die Beherrschung über einen oder mehrere Geschäftsbetriebe erlangt. Das Unternehmen, über welches der Erwerber die Beherrschung erwirbt, wird als das **erworbene Unternehmen** (acquiree) bezeichnet. Unternehmenszusammenschlüsse können eine Vielzahl rechtlicher Gestaltungsformen annehmen, zB den Erwerb der Mehrheit der Anteile an einem anderen Unternehmen (share deal), den Erwerb einer Gruppe von Vermögenswerten und Schulden, die einen Geschäftsbetrieb begründet (asset deal) oder die Verschmelzung eines Unternehmens auf ein anderes Unternehmen (Verschmelzung durch Aufnahme). Die Definition eines Unternehmenszusammenschlusses kann aber auch im Falle der Verschmelzung zweier Unternehmen auf ein neu gegründetes Unternehmen (Verschmelzung durch Neugründung) erfüllt sein.

Das erworbene Unternehmen, nicht aber der Erwerber, muss die Definition eines **Geschäftsbetriebes** erfüllen. IFRS 3 Appendix A definiert einen Geschäftsbetrieb als eine integrierte Gruppe von Tätigkeiten und Vermögenswerten, die mit dem Ziel geführt und geleitet werden kann, Erträge zu erwirtschaften, die in Form von Dividenden, niedrigeren Kosten oder sonstigem wirtschaftlichem Nutzen den Anteilseignern oder anderen Eigentümern, Gesellschaftern oder Teilnehmern zugehen. IFRS 3.B7 erläutert hierzu weiter, dass normalerweise (a) der Einsatz von Ressourcen, (b) darauf anzuwendende Verfahren und (c) daraus resultierende Leistungen, die gegenwärtig oder zukünftig genutzt werden, um Erträge zu erwirtschaften, Kennzeichen eines Geschäftsbetriebes sind.

Die Definition bereitet in der Praxis oft Auslegungsschwierigkeiten. So kommt es beispielsweise nicht darauf an, dass ein Geschäftsbetrieb im Einzelfall immer alle Indikatoren eines Geschäftsbetriebes erfüllt. Entscheidend ist das Gesamtbild aller mit einer Gruppe von Vermögenswerten und Schulden zusammenhängenden Sachverhalte. Ein Unternehmen, das sich noch in der Gründungsphase befindet, kann daher beispielsweise schon die Definition eines Geschäftsbetriebes erfüllen, obwohl es noch keine Leistungen erbringt. Umgekehrt muss der Erwerber nicht jede Komponente des bestehenden Geschäftsbetriebes übernehmen, sondern kann einzelne betriebliche Funktionen durch eigene Ressourcen oder Verfahren ersetzen.

Die Vorschrift soll insbesondere sicherstellen, dass die Definition eines Geschäftsbetriebes und damit die Anwendbarkeit der Vorschriften zur Bilanzierung von Unternehmenszusammenschlüssen auch in bestimmten Sonderfällen, wie etwa bei Unternehmen in der Gründungsphase oder bestimmten Forschungs- und Entwicklungseinrichtungen gegeben ist. Fraglich ist aber, wie weit die Vorschrift ausgelegt werden muss. So könnte aus der Vorschrift beispielsweise auch geschlussfolgert werden, dass die Übertragung eines Grundstücks die Definition eines Unternehmenszusammenschlusses erfüllt, wenn das Grundstück im Geschäftsbetrieb des Erwerbers verwendet werden kann. Eine so weite Auslegung der Vorschrift ist u. E. abzulehnen, da dies zur Folge hätte, dass faktisch jeder Erwerbstatbestand als Unternehmenszusammenschluss bilanziert werden müsste und somit die Vorschriften zur Erstbilanzierung in anderen Standards ins Leere liefen. Vielmehr ist die Vorschrift in IFRS 3 eng auszulegen und soll lediglich verhindern, dass das Fehlen einzelner Prozesse nicht automatisch gegen das Bestehen eines Geschäftsbetriebes spricht.[13]

Besteht ein Geschäfts- oder Firmenwert, so vermutet IFRS 3.B12 widerlegbar das Vorliegen eines Geschäftsbetriebes.

Das IASB hat sich mittlerweile mit den Interpretationsschwierigkeiten des Begriffs des Geschäftsbetriebes beschäftigt. Es lehnt jedoch derzeit eine grundlegende Überarbeitung der Definition eines Ge-

---

12 Vgl *Deloitte* (Hrsg.) iGAAP, 1938; *PwC* (Hrsg.) IFRS Manual, Rn 25.50ff; *Ernst & Young* (Hrsg.) International GAAP, 683ff.
13 Vgl *KPMG* (Hrsg.) Handbook Business Combinations, 9ff; *PwC* (Hrsg.) Global Guide to Business Combinations, 9ff; *Deloitte* (Hrsg.) iGAAP, 1942ff; *Ernst & Young* (Hrsg.) International GAAP, 636ff.

schäftsbetriebes mit dem Hinweis ab, dass sich die in 2013 anstehende ausführliche Untersuchung der im Zusammenhang mit der Einführung von IFRS 3 aufgetretenen Anwendungsschwierigkeiten (post implementation review) mit dem Thema beschäftigen wird. Das IASB hat sich aber bereit erklärt, vorweg einen Sondersachverhalt zu adressieren. Dies ist die gleichzeitige Anwendung von IFRS 3 und IAS 40 Investment Property. Der Vermieter von Investitionsimmobilien erbringt oft zahlreiche Nebendienstleistungen an seine Mieter, wie etwa Sicherheits- oder Instandhaltungsdienstleistungen. Diese Nebenleistungen können in Verbindung mit der Investitionsimmobilie die Definition eines Geschäftsbetriebes erfüllen. Das IASB beabsichtigt klarzustellen, dass bei Erwerb einer solchen Immobilie sowohl die Vorschriften in IAS 40 als auch die Vorschriften in IFRS 3 Anwendung finden. Eine Klarstellung der Vorschriften in den beiden Standards soll im Rahmen des 2011-2013 Zyklus des Annual Improvements Projektes erfolgen.

41 Erfüllt eine Transaktion die Definition eines Unternehmenszusammenschlusses muss diese nach der **Erwerbsmethode** bilanziert werden. IFRS 3 verzichtet dabei auf eine Definition der Erwerbsmethode und zählt stattdessen die Schritte auf, aus denen sich die Erwerbsmethode zusammensetzt. Dies sind:

(a) die Identifizierung des Erwerbers;

(b) die Bestimmung des Erwerbszeitpunkts;

(c) der Ansatz und die Bewertung der erworbenen identifizierbaren Vermögenswerte, der übernommenen Schulden und der Anteile nicht beherrschender Gesellschafter an dem erworbenen Unternehmen und

(d) der Ansatz und die Bewertung des Geschäfts- oder Firmenwertes oder eines Gewinns aus einem Erwerb zu einem vorteilhaften Kaufpreis.

42 **Erwerbszeitpunkt** ist gemäß IFRS 3 Appendix A der Zeitpunkt, an dem der Erwerber die Beherrschung über das erworbene Unternehmen erlangt. Dies ist normalerweise der Tag, an dem die Gegenleistung für den Unternehmenserwerb im Austausch für die erworbenen Vermögenswerte und Schulden rechtlich übertragen wird. Im Einzelfall kann der Erwerbszeitpunkt aber auch vor oder nach dem Tauschzeitpunkt liegen, zB wenn eine schriftliche Vereinbarung vorliegt, nach der der Übergang der Beherrschung schon vor dem Tauschzeitpunkt stattfindet. Zu beachten ist hierbei, dass der faktische Übergang der Beherrschung entscheidend ist, insbesondere ist eine rückwirkende Übertragung der Beherrschung nicht möglich.

43 Tausch- und Erwerbszeitpunkt fallen auch bei sukzessiven Unternehmenszusammenschlüssen, also bei Unternehmenserwerben, die in mehreren Erwerbsschritten erfolgen, auseinander. Der Tauschzeitpunkt ermittelt sich hier gesondert für jeden Erwerbsschritt. Der Erwerber erlangt die Beherrschung über das andere Unternehmen aber erst mit Abschluss des letzten Erwerbsschrittes. Dies ist der Erwerbszeitpunkt.

44 Von besonderer Bedeutung bei der Bilanzierung von Unternehmenszusammenschlüssen ist der Begriff des **Geschäfts- oder Firmenwertes**. IFRS 3 Appendix A definiert den Geschäfts- oder Firmenwert als den künftigen wirtschaftlichen Nutzen aus Vermögenswerten, die nicht einzeln identifiziert und separat angesetzt werden können. Die in IFRS 3 vorgeschriebene Erwerbsmethode ermittelt den Geschäfts- oder Firmenwert aber nur indirekt als den Differenzbetrag zwischen den Anschaffungskosten und dem erworbenen Nettovermögenswert des erworbenen Unternehmens. Im Ergebnis ist der Geschäfts- oder Firmenwert daher eine Residualgröße, auf die sich neben dem künftigen wirtschaftlichen Nutzen aus Vermögenswerten, die nicht einzeln und separat angesetzt werden können, auch andere Einflussfaktoren, wie etwa Schätzungsfehler oder überhöhte Kaufpreiszahlungen des Erwerbers auswirken können.

45 Zu den Anschaffungskosten des Unternehmens gehören auch sog. **bedingte Kaufpreiszahlungen** (contingent consideration). Gemäß IFRS 3 Appendix A ist dies normalerweise eine Verpflichtung des Erwerbers, zusätzliche Vermögenswerte oder Eigenkapitalanteile den ehemaligen Eigentümern eines erworbenen Unternehmens als Teil des Austauschs für die Beherrschung des erworbenen Unternehmens zu übertragen, wenn bestimmte künftige Ereignisse auftreten oder Bedingungen erfüllt werden. Eine

III. Begriffe

bedingte Gegenleistung kann dem Erwerber aber auch das Recht auf Rückgabe der zuvor übertragenen Gegenleistung einräumen, falls bestimmte Bedingungen erfüllt werden.

Die Neufassung von IFRS 3 schließt erstmalig **Unternehmen auf Gegenseitigkeit** (mutual entities) in den Anwendungsbereich mit ein. Hierbei handelt es sich gemäß IFRS 3 Appendix A um Unternehmen, bei denen es sich nicht um Unternehmen im Besitz der Anleger handelt, die ihren Eigentümern, Gesellschaftern oder Teilnehmern Dividenden, niedrigere Kosten oder sonstigen wirtschaftlichen Nutzen direkt zukommen lassen. Beispiele für Unternehmen auf Gegenseitigkeit sind Genossenschaften und Versicherungsvereine auf Gegenseitigkeit.

Die Einbeziehung von Unternehmen auf Gegenseitigkeit bedingt eine weite Auslegung der Begriffe **Eigentümer** (owner) und **Eigenkapitalanteile** (equity interests). Der Begriff Eigentümer steht daher in IFRS 3 allgemein für Inhaber von Eigenkapitalanteilen von Unternehmen im Besitz der Anleger sowie für Eigentümer oder Gesellschafter von oder Teilnehmer an Gegenseitigkeitsunternehmen. Eigenkapitalanteile im Sinne von IFRS 3 umfassen Eigentumsanteile von Unternehmen im Besitz der Anleger sowie Anteile von Eigentümern, Gesellschaftern oder Teilnehmern an Gegenseitigkeitsunternehmen, vgl IFRS 3 Appendix A.

Die folgenden Begriffe sind den Definitionen anderer Standards entnommen:

Anteile nicht beherrschender Gesellschafter	Das Eigenkapital eines Tochterunternehmens, das einem Mutterunternehmen weder unmittelbar noch mittelbar zugeordnet wird (IAS 27.4)
Beherrschung (IAS 27)	Die Möglichkeit, die Finanz- und Geschäftspolitik eines Unternehmens zu bestimmen, um aus dessen Tätigkeit Nutzen zu ziehen (IAS 27.4)
Beherrschung eines Beteiligungsunternehmens (IFRS 10)	Ein Investor beherrscht ein Beteiligungsunternehmen, wenn er aufgrund seines Engagements bei dem Beteiligungsunternehmen variablen wirtschaftlichen Erfolgen ausgesetzt ist oder Rechte daran hat und die Möglichkeit besitzt, diese wirtschaftlichen Erfolge durch seine Bestimmungsmacht über das Beteiligungsunternehmen zu beeinflussen.
Beizulegender Zeitwert (IAS 39)	Der Betrag, zu dem zwischen sachverständigen, vertragswilligen und von einander unabhängigen Geschäftspartnern unter marktüblichen Bedingungen ein Vermögenswert getauscht oder eine Schuld beglichen werden könnte (zB IAS 39.9)
Beizulegender Zeitwert (IFRS 13)	Der Preis, den man in einer gewöhnlichen Transaktion zwischen Marktteilnehmern am Bewertungsstichtag beim Verkauf eines Vermögenswerts erhalten würde oder bei der Übertragung einer Schuld zu zahlen hätte.
Immaterieller Vermögenswert	Ein identifizierbarer nicht-monetärer Vermögenswert ohne physische Substanz (IAS 38.8)

IV. Identifizierung eines Unternehmenszusammenschlusses. Voraussetzung für die Anwendung der besonderen Bilanzierungsvorschriften zur Abbildung von Unternehmenszusammenschlüssen in IFRS 3 ist, dass die Definition eines Unternehmenszusammenschlusses vollumfänglich erfüllt ist. Ein Unternehmenszusammenschluss ist nach IFRS 3 Appendix A eine Transaktion oder ein anderes Ereignis, durch das ein Erwerber die Beherrschung über einen Geschäftsbetrieb oder mehrere Geschäftsbetriebe erlangt. Voraussetzung für das Vorliegen eines Unternehmenszusammenschlusses ist somit insbesondere das Vorliegen eines Geschäftsbetriebes und der Übergang der Beherrschung über den Geschäftsbetrieb auf den Erwerber. Zur Auslegung dieser Begriffe vgl Rn 38 und 49.

50 Für die Durchführung eines Unternehmenszusammenschlusses ist nach IFRS 3.B5 und B6 eine **Vielzahl rechtlicher Gestaltungsmöglichkeiten** denkbar. So kann der Erwerber die Beherrschung bspw durch die Übertragung von Zahlungsmitteln oder anderen Vermögenswerten, die Übernahme von Schulden oder die Ausgabe von Eigenkapitalinstrumenten erwerben. Es ist auch denkbar, dass der Erwerber die Beherrschung ohne Entrichtung einer Kaufpreiszahlung aufgrund vertraglicher Vereinbarung erhält. Ein Unternehmensabschluss kann durch Erwerb der Mehrheit der Anteile an einem anderen Unternehmen oder durch Erwerb der einen Geschäftsbetrieb ausmachenden Vermögenswerte und Schulden erfolgen. Auch die Verschmelzung zweier oder mehrerer Unternehmen durch Aufnahme oder Neugründung stellt einen Unternehmenszusammenschluss dar.[14]

51 **V. Erwerbsmethode.** Der Vorgängerstandard IAS 22 *Business Combinations* sah abhängig von der Frage, ob bestimmte Voraussetzungen erfüllt waren, die Abbildung von Unternehmenszusammenschlüssen entweder nach der Erwerbsmethode oder nach der **Interessenzusammenführungsmethode** (uniting-of-interest bzw. pooling-of-interest method) vor. Die Interessenzusammenführungsmethode unterscheidet sich von der Erwerbsmethode dadurch, dass die Vermögenswerte und Schulden der an der Transaktion beteiligten Parteien zu Buchwerten, dh ohne Aufdeckung stiller Reserven und ohne Aktivierung eines Geschäfts- oder Firmenwertes, zusammengefasst werden. Im Gegensatz hierzu verlangt die Erwerbsmethode die Aufdeckung aller stillen Reserven. Mit der Verabschiedung von IFRS 3 (2004) wurde die Interessenzusammenführungsmethode abgeschafft. Die Erwerbsmethode ist nunmehr die einzig zulässige Methode zur Abbildung von Unternehmenszusammenschlüssen, vgl IFRS 3.4 und BC22-BC57.

52 Die **Erwerbsmethode** kann nach IFRS 3.5 in die folgenden Schritte unterteilt werden:

(a) Bestimmung des Erwerbers,

(b) Bestimmung des Erwerbszeitpunktes,

(c) Ansatz und Bewertung der identifizierbaren Vermögenswerte und Schulden sowie der Anteile nicht beherrschender Gesellschafter und

(d) Ansatz und Bewertung des Geschäfts- oder Firmenwertes bzw. des Gewinns aus einem vorteilhaften Unternehmenszusammenschluss.

Im Folgenden sollen alle Schritte der Erwerbsmethode kurz dargestellt werden.

53 **1. Identifizierung des Erwerbers.** Erwerber ist gemäß IFRS 3 Appendix A die Partei, die die Beherrschung über das andere Unternehmen oder den Geschäftsbetrieb erhält. Zur Bestimmung des Erwerbers ist insofern zunächst auf die Vorschriften zum Beherrschungsbegriff in IAS 27 Bezug zu nehmen. IAS 27.4 definiert Beherrschung als die Möglichkeit, die Finanz- und Geschäftspolitik eines Unternehmens zu bestimmen, um aus dessen Tätigkeit Nutzen zu ziehen. Beherrschung kann normalerweise angenommen werden, wenn ein Unternehmen die **Mehrheit der Stimmrechte** an einem anderen Unternehmen hält. Die einem Unternehmen zustehenden Stimmrechte ergeben sich gemäß IAS 27.13 aus der Summe aller direkt gehaltenen Stimmrechte zuzüglich der über Tochterunternehmen oder Dritte indirekt gehaltenen Stimmrechte.

54 Ein Beherrschungsverhältnis kann aber auch **ohne Stimmrechtsmehrheit** vorliegen. IAS 27.13 sieht ein Beherrschungsverhältnis auch dann als gegeben an, wenn ein Unternehmen die Möglichkeit hat:

---

14 Vgl *Senger/Brune/Diersch/Eprana* Beck'sches IFRS Handbuch, 12ff; *PwC (Hrsg.)* Global Guide to Business Combinations, 15ff; *Deloitte (Hrsg.)* iGAAP, 1940ff; *Ernst & Young (Hrsg.)* International GAAP, 63f.

V. Erwerbsmethode

(a) über mehr als die Hälfte der Stimmrechte kraft einer mit anderen Anteilseignern abgeschlossenen Vereinbarung zu verfügen,

(b) die Finanz- und Geschäftspolitik eines Unternehmens gemäß einer Satzung oder Vereinbarung zu bestimmen,

(c) die Mehrheit der Mitglieder der Geschäftsführungs- beziehungsweise Aufsichtsorgane oder eines gleichwertigen Leitungsorgans zu ernennen oder abzuberufen und die Verfügungsgewalt über das andere Unternehmen bei diesen Organen liegt oder

(d) die Mehrheit der Stimmen bei Sitzungen der Geschäftsführungs- beziehungsweise Aufsichtsorgane oder eines gleichwertigen Leitungsorgans zu bestimmen und die Verfügungsgewalt über das andere Unternehmen bei diesen Organen liegt.[15]

Handelt es sich bei dem erworbenen Unternehmen um eine **Zweckgesellschaft** (special purpose entity) sind zusätzlich die Vorschriften in SIC-12 *Consolidation—Special Purpose Entities* zu beachten. Zweckgesellschaften zeichnen sich gemäß SIC-12.1 durch ein enges und genau definiertes Ziel aus. Sie können die Rechtsform einer Kapitalgesellschaft, einer Stiftung, einer Personengesellschaft oder jede andere Rechtsform haben. Zweckgesellschaften erfüllen normalerweise nicht die Definition eines Geschäftsbetriebes, dies ist aber nicht zwingend der Fall. Zweckgesellschaften werden beispielsweise bei der Verbriefung von Finanzinstrumenten, bei Leasingtransaktionen oder im Bereich der Forschung- und Entwicklung eingesetzt.

Zweckgesellschaften zeichnen sich nach SIC-12.9 oft dadurch aus, dass aufgrund vertraglicher oder satzungsmäßiger Vereinbarung der Entscheidungsmacht der Geschäftsführung strenge und manchmal dauerhafte Schranken auferlegt werden, die unter normalen Umständen nicht geändert werden können (Autopilot).

SIC-12 schreibt vor, dass eine Zweckgesellschaft dann zu konsolidieren ist, wenn die **wirtschaftliche Betrachtung** des Verhältnisses zwischen dem bilanzierenden Unternehmen und der Zweckgesellschaft zeigt, dass die Zweckgesellschaft durch das Unternehmen beherrscht wird. Ein Beherrschungsverhältnis kann sich gemäß SIC-12.8 und 9 insbesondere aus der Gestaltung der vertraglichen und satzungsmäßigen Vereinbarungen ergeben. SIC-12.10 benennt die folgenden zusätzlichen Indikatoren zur Bestimmung eines Beherrschungsverhältnisses bei Zweckgesellschaften:

Geschäftstätigkeit: Bei wirtschaftlicher Betrachtung wird die Geschäftstätigkeit der Zweckgesellschaft zu Gunsten des Unternehmens entsprechend seiner besonderen Geschäftsbedürfnisse geführt, so dass das Unternehmen Nutzen aus der Geschäftstätigkeit der Zweckgesellschaft zieht. Dies ist beispielsweise dann gegeben, wenn die Zweckgesellschaft im Wesentlichen der Finanzierung des bilanzierenden Unternehmens oder dessen Versorgung mit Gütern und Dienstleistungen dient.

Entscheidungsmacht: Bei wirtschaftlicher Betrachtung verfügt das Unternehmen über die Entscheidungsmacht, die Mehrheit des Nutzens aus der Geschäftstätigkeit der Zweckgesellschaft zu ziehen, oder das Unternehmen hat durch die Einrichtung eines Autopiloten-Mechanismus diese Entscheidungsmacht delegiert. Beispiele sind die Möglichkeit die Zweckgesellschaft eigenständig aufzulösen oder den Gesellschaftsvertrag beziehungsweise die Satzung zu ändern oder Änderungen zu untersagen.

Nutzen: Bei wirtschaftlicher Betrachtung verfügt das Unternehmen über das Recht, die Mehrheit des Nutzens aus der Zweckgesellschaft zu ziehen, und ist deshalb unter Umständen Risiken ausgesetzt, die mit der Geschäftstätigkeit der Zweckgesellschaft verbunden sind. Der Begriff Nutzen ist weit auszulegen und umfasst, neben Ausschüttungen auch Residualansprüche bei der Auflösung der Zweckgesellschaft.

---

15 Vgl *KPMG (Hrsg.)* Insights, 64ff; *Deloitte (Hrsg.)* iGAAP, 1872ff *PwC (Hrsg.)* IFRS Manual, Rn 24.25ff; *Ernst & Young (Hrsg.)* International GAAP, 395ff.

61 **Risiken:** Bei wirtschaftlicher Betrachtung behält das Unternehmen die Mehrheit der mit der Zweckgesellschaft verbundenen Residual- oder Eigentumsrisiken oder Vermögenswerte, um Nutzen aus ihrer Geschäftstätigkeit zu ziehen. Garantiert ein Unternehmen anderen Investoren etwa die Rendite deren Beteiligung an der Zweckgesellschaft kann sich hieraus ein Hinweis auf das Vorliegen eines Beherrschungsverhältnisses ergeben.[16]

Das IASB hat mittlerweile mit der Veröffentlichung von IFRS 10 Consolidated Financial Statements den Begriff der Beherrschung grundlegend überarbeitet. Der neue Standard ersetzt die Vorschriften in IAS 27 und SIC-12 durch einen einheitlichen Beherrschungsbegriff, der auf operative Unternehmen ebenso wie auf Zweckgesellschaften angewendet werden soll. Nach den neuen Vorschriften beherrscht ein Investor ein Beteiligungsunternehmen, wenn er aufgrund seines Engagements bei dem Beteiligungsunternehmen variablen wirtschaftlichen Erfolgen ausgesetzt ist oder Rechte daran hat und die Möglichkeit besitzt, diese wirtschaftlichen Erfolge durch seine Bestimmungsmacht über das Beteiligungsunternehmen zu beeinflussen. Als Bestimmungsmacht gilt in diesem Zusammenhang die gegenwärtige Möglichkeit, die maßgeblichen Tätigkeiten aufgrund bestehender Rechte zu bestimmen. IFRS 10 tritt für nach dem 1. Januar 2013 beginnende Geschäftsjahre in Kraft. Für in der EU ansässige Unternehmen ergibt sich jedoch die Besonderheit, dass der neue Standard bislang nicht in europäisches Recht übernommen wurde und der Standard daher in der EU voraussichtlich erst ab dem 1. Januar 2014 angewendet werden muss. Die freiwillige frühere Anwendung des Standards soll jedoch gemäß IFRS 10 ebenso wie nach europäischem Recht zulässig sein.

62 Für den Fall, dass eine eindeutige Bestimmung des Erwerbers auf Grundlage der Kriterien in IAS 27 und SIC-12 bzw. IFRS 10 nicht möglich ist, enthalten IFRS 3.B14-B18 weitere Anwendungshinweise. Erwerber ist hiernach normalerweise die **Partei, die den Kaufpreis entrichtet**. Dieser kann aus einer Barzahlung oder der Hingabe von Vermögenswerten, der Übernahme von Schulden oder der Emission von Eigenkapitalinstrumenten bestehen. Der Erwerber ist normalerweise **das größere der an dem Unternehmenszusammenschluss beteiligten Unternehmen**. Ein weiteres Kriterium, das die im Rahmen der Bestimmung des Erwerbers zu untersuchen sind, ist die Frage, ob eine der Parteien eine Prämie für Eigenkapitalinstrumente der anderen Partei bezahlt hat. Daneben kann die Verteilung der Stimmrechte, die Zusammensetzung des Aufsichts- oder Leitungsorgans sowie weiterer Angestellter in Schüsselpositionen nach dem Unternehmenszusammenschluss Indizien dafür liefern, welche der Vertragsparteien der Erwerber ist.

63 Sind mehrere Unternehmen an dem Unternehmenszusammenschluss beteiligt, ist zusätzlich zu berücksichtigen, welches Unternehmen den Unternehmenszusammenschluss veranlasst hat und welche relative Größe die sich zusammenschließenden Unternehmen haben. Zu beachten ist schließlich, dass ein zur Durchführung des Unternehmenszusammenschlusses neu gegründetes Unternehmen, nicht immer auch automatisch der Erwerber ist. Vielmehr kann es sein, dass eines der bereits vor der Transaktion bestehenden Unternehmen der Erwerber ist. Dies ist insbesondere dann der Fall, wenn das neugegründete Unternehmen nur zum Zweck der Ausgabe von Eigenkapitalanteilen gegründet wurde.[17]

64 **Exkurs: Umgekehrte Unternehmenszusammenschlüsse.** Der nach IFRS 3 bestimmte wirtschaftliche Erwerber kann vom rechtlichen Erwerber abweichen; dh dass manchmal das rechtlich erworbene Unternehmen für Zwecke der Rechnungslegung als wirtschaftlicher Erwerber identifiziert werden kann. IFRS 3.B19 bezeichnet dies als **umgekehrten Unternehmenserwerb** (reverse acquisition). Umgekehrte Unternehmenserwerbe zeichnen sich oft dadurch aus, dass die größere Transaktionspartei sich von der kleineren erwerben lässt. Der rechtliche Erwerber bezahlt den Erwerb der größeren Transaktionspartei

---

16 Vgl *KPMG (Hrsg.)* Insights, 75ff; *Deloitte (Hrsg.)* iGAAP, 1880ff *PwC (Hrsg.)* IFRS Manual, Rn 24.84ff; *Ernst & Young (Hrsg.)* International GAAP, 404ff.
17 Vgl *KPMG (Hrsg.)* Handbook Business Combinations, 18ff; *PwC (Hrsg.)* Global Guide to Business Combinations, 34ff; *Deloitte (Hrsg.)* iGAAP, 1947ff; *Ernst & Young (Hrsg.)* International GAAP, 638ff.

V. Erwerbsmethode

durch Ausgabe eigener Aktien an deren Eigentümer. Dies hat zur Folge, dass die Eigentümer des rechtlich erworbenen Unternehmens nach dem Unternehmenszusammenschluss die Mehrheit der Stimmrechte am rechtlichen Erwerber halten. Umgekehrte Unternehmenserwerbe können beispielsweise im Zusammenhang mit **Börsengängen** beobachtet werden. Börsengänge sind kostspielig und zeitintensiv. Diese Nachteile können umgangen werden, wenn sich ein börsennotiertes Unternehmen bereit erklärt, den Börsenkandidaten gegen Ausgabe neuer Aktien rechtlich zu erwerben, und dem Übergang der Stimmrechtsmehrheit auf die neuen Aktionäre zustimmt.

IFRS 3 wendet auf umgekehrte Unternehmenserwerbe eine **wirtschaftliche Betrachtungsweise** an und stellt klar, dass für Zwecke der Rechnungslegung das rechtlich erworbene Unternehmen der wirtschaftliche Erwerber ist und der rechtliche Erwerber das wirtschaftlich erworbene Unternehmen. Die bilanzielle Abbildung des Unternehmenszusammenschlusses folgt der wirtschaftlichen Betrachtungsweise, nicht der rechtlichen. Hieraus ergibt sich, dass für einen umgekehrten Unternehmenserwerb nicht das rechtlich erworbene Unternehmen sondern der rechtliche Erwerber, also das wirtschaftlich erworbene Unternehmen, die Definition eines Geschäftsbetriebs erfüllen muss. Diese Voraussetzung kann uU bei Holding-Strukturen nicht gegeben sein, bei denen sich die Geschäftstätigkeit der Holding auf das bloße Halten von Beteiligungen beschränkt. Ist eine solche Holding zwar der rechtliche Erwerber, aber bei wirtschaftlicher Betrachtung das erworbene Unternehmen, liegt kein Unternehmenszusammenschluss vor. Vielmehr kann die Transaktion nach den Grundsätzen zur Bilanzierung von Sacheinlagen bzw. zum Erwerb einer Gruppe von Vermögenswerten abzubilden sein. 65

Für den wirtschaftlichen Erwerber in einem umgekehrten Unternehmenserwerb wird die Entrichtung eines **hypothetischen Kaufpreises** angenommen. Dieser ergibt sich aus der Anzahl der Aktien die der wirtschaftliche Erwerber hätte ausgeben müssen, um die gleichen Beteiligungsverhältnisse zu erhalten, wie sie nach dem Unternehmenszusammenschluss bestehen. Das weitere Verfahren folgt der in diesem Abschnitt dargestellten Erwerbsmethode. 66

Zu beachten ist, dass der rechtliche Erwerber normalerweise das Unternehmen ist, das zur Aufstellung des Konzernabschlusses verpflichtet ist. Dies bedingt eine entsprechende **Anpassung des Eigenkapitalausweises**, dh obwohl es sich faktisch um den Konzernabschluss des wirtschaftlichen Erwerbers handelt, wird gemäß IFRS 3.B21 und B22 das gezeichnete Kapital des rechtlichen Erwerbers ausgewiesen. Im Ergebnis enthält der IFRS-Abschluss des Erwerbers somit (a) die zu Buchwerten bilanzierten Vermögenswerte und Schulden des wirtschaftlichen Erwerbers, (b) die beizulegenden Zeitwerte der Vermögenswerte und Schulden des rechtlichen Erwerbers, (c) das Eigenkapital des wirtschaftlichen Erwerbers, aber (d) innerhalb des Eigenkapitals das gezeichnete Kapital des rechtlichen Erwerbers. Die hierfür notwendige Anpassungsbuchung des gezeichneten Kapitals erfolgt erfolgsneutral im Eigenkapital.[18] 67

Beispiel

Unternehmen B erwirbt 100% der Anteile an Unternehmen A gegen Ausgabe 150 eigener Aktien. Nach der Transaktion halten die ehemaligen Anteilseigner von A 75% der Anteile an Unternehmen B (150 von insgesamt 200 Aktien). Die Bilanzen von A und B vor der Transaktion stellen sich wie folgt dar:

---

18 Vgl *KPMG (Hrsg.)* Handbook Business Combinations, 152ff; *PwC (Hrsg.)* Global Guide to Business Combinations, 80ff; *Deloitte (Hrsg.)* iGAAP, 2027ff; *Ernst & Young (Hrsg.)* International GAAP, 710ff.

	A	A	B	B
	Buchwert	Stille Reserven	Buchwert	Stille Reserven
	€	€	€	€
Vermögenswerte	500	100	200	50
Schulden	400	50	150	20
Eigenkapital				
- gezeichnetes Kapital	10		20	
- Gewinnrücklage	90		30	

Die Anteilseigner von A halten nach der Transaktion die Mehrheit der Anteile an B. Es handelt sich daher um einen umgekehrten Unternehmenserwerb. Nach Abschluss der Transaktion sind in der Bilanz von B die folgenden Vermögenswerte und Schulden auszuweisen:

Vermögenswerte: €750 = €500 (Buchwert A) + €200 (Buchwert B) + €50 (Stille Reserven B)

Schulden: €570 = €400 (Buchwert A) + €150 (Buchwert B) + €20 (Stille Reserven B)

Das Eigenkapital beträgt €180 = €750 (Vermögenswerte) − €570 (Schulden). Das gezeichnete Kapital beträgt €20 und die Gewinnrücklagen €160.

68   Eine weitere Komplikation ergibt sich, wenn nicht alle Anteilseigner des rechtlich erworbenen Unternehmens ihre Anteile gegen Anteile des rechtlichen Erwerbers austauschen. Die nicht umgetauschten Anteile des rechtlich erworbenen Unternehmens sind als **Anteile nicht beherrschender Gesellschafter** auszuweisen, obwohl es sich ja um Anteilseigner des wirtschaftlichen Erwerbers handelt. Grund für diese zunächst verblüffende Regel ist, dass die nicht in den Unternehmenszusammenschluss einbezogenen Anteilseigner des rechtlich erworbenen Unternehmens nach wie vor auch nur am Gewinn- oder Verlust des rechtlich erworbenen Unternehmens beteiligt sind und nicht etwa am Gewinn- oder Verlust des zusammengeschlossenen Unternehmens. Da die Vermögenswerte und Schulden des rechtlich erworbenen Unternehmens auch nach dem Unternehmenszusammenschluss zu Buchwerten bilanziert werden, müssen die Anteile nicht beherrschender Gesellschafter mit dem anteiligen Buchwert des Nettovermögens des rechtlich erworbenen Unternehmens bilanziert werden. Eine Bewertung der Anteile zum beizulegenden Zeitwert ist nicht möglich.[19]

69   Zu Besonderheiten der Berechnung des Ergebnisses je Aktie bei einem umgekehrten Unternehmenserwerb vgl IFRS 3.B25-B27.

70   **2. Bestimmung des Erwerbszeitpunktes.** Stichtag des Unternehmenszusammenschlusses ist gemäß IFRS 3 Appendix A der Zeitpunkt, an dem der Erwerber die Beherrschung über den erworbenen Geschäftsbetrieb erhält. Der Bestimmung des Erwerbszeitpunktes kommt im Rahmen der Erwerbsmethode große Bedeutung zu, da der entrichtete Kaufpreis, die erworbenen Vermögenswerte und Schulden sowie die Anteile nicht beherrschender Gesellschafter für diesen Zeitpunkt anzusetzen und zu bewerten sind. Der Erwerbszeitpunkt kann nach IFRS 3.9 in Einzelfällen vom Zeitpunkt des Übergangs des recht-

---

[19] Vgl *KPMG (Hrsg.)* Handbook Business Combinations, 27ff; *PwC (Hrsg.)* Global Guide to Business Combinations, 40; *Ernst & Young (Hrsg.)* International GAAP, 716ff.

V. Erwerbsmethode

lichen Eigentums abweichen. Dies ist zB dann der Fall, wenn dem Erwerber bereits vor Übergang des rechtlichen Eigentums aufgrund vertraglicher Vereinbarung das Recht zusteht, die Mehrheit der Mitglieder des Aufsichts- oder Leitungsorgans zu benennen.[20]

3. Ansatz und Bewertung der erworbenen identifizierbaren Vermögenswerte und Schulden. 71
IFRS 3.10 verpflichtet den Erwerber im Erwerbszeitpunkt zum Ansatz aller erworbenen identifizierbaren Vermögenswerte und Schulden. Paragraph F.49 des Conceptual Framework definiert einen **Vermögenswert** als eine Ressource, die aufgrund von Ereignissen der Vergangenheit in der Verfügungsmacht des Unternehmens steht, und von der erwartet wird, dass dem Unternehmen aus ihr künftiger wirtschaftlicher Nutzen zufließt. Eine **Schuld** ist gemäß F.49 eine gegenwärtige Verpflichtung des Unternehmens, die aus Ereignissen der Vergangenheit entsteht und deren Erfüllung für das Unternehmen erwartungsgemäß mit einem Abfluss von Ressourcen mit wirtschaftlichem Nutzen verbunden ist.

IFRS 3.11 stellt klar, dass **Restrukturierungsrückstellungen**, den Schuldbegriff normalerweise 72
nicht erfüllen, da im Erwerbszeitpunkt keine sich aus einem Ereignis der Vergangenheit ergebende Verpflichtung besteht. Als Restrukturierungsrückstellungen werden üblicherweise solche Rückstellungen bezeichnet, die für sich im Anschluss an den Unternehmenserwerb ergebende Reorganisationsmaßnahmen gebildet werden. Beispiele hierfür sind etwa Kosten für im Anschluss an den Unternehmenserwerb vorgenommene Personalreduzierungen oder die Schließung von Produktionsstätten. Restrukturierungsrückstellungen, die bereits beim erworbenen Unternehmen passiviert waren, sind von der Vorschrift nicht betroffen, da in diesem Fall die Definition einer Schuld erfüllt ist. Die Vorschrift kann aber nicht dadurch umgangen werden, dass der Veräußerer sich auf Veranlassung des Erwerbers noch vor dem Erwerbszeitpunkt zur Durchführung der Restrukturierungsmaßnahmen verpflichtet.

Die Bedingung, dass die erworbenen Vermögenswerte und Schulden identifizierbar sein müssen, 73
dient der Abgrenzung der erworbenen **immateriellen Vermögenswerte** vom Geschäfts- oder Firmenwert, der einen nicht identifizierbaren Vermögenswert darstellt und gesonderten Ansatz- und Bewertungsvorschriften unterliegt. Nach IAS 38.12 ist ein immaterieller Vermögenswert **identifizierbar**, wenn:

(a) er **separierbar** ist, dh er kann vom Unternehmen getrennt und somit verkauft, übertragen, lizenziert, vermietet oder getauscht werden. Dies kann einzeln oder in Verbindung mit einem Vertrag, einem Vermögenswert oder einer Schuld erfolgen oder

(b) er aus **vertraglichen oder anderen gesetzlichen Rechten** entsteht, unabhängig davon, ob diese Rechte vom Unternehmen oder von anderen Rechten und Verpflichtungen übertragbar oder separierbar sind.

IFRS 3.B31-B40 enthalten detaillierte Anwendungshinweise zur Beantwortung der Frage, ob ein immaterieller Vermögenswert identifizierbar ist und daher getrennt von einem Geschäfts- oder Firmenwert bilanziert werden muss. Es gelten insbesondere die folgenden Grundsätze: 74

(a) ein immaterieller Vermögenswert kann aufgrund vertraglicher oder gesetzlicher Rechte auch dann identifizierbar sein, wenn der Vermögenswert weder übertragbar noch separierbar von dem erworbenen Unternehmen oder anderen Rechten ist, vgl IFRS 3.B32.

Beispiel

Unternehmen A hält ein Technologiepatent. A hat Unternehmen B eine Lizenz zur Verwertung des Technologiepatentes im Ausland erteilt. Sowohl das Technologiepatent als auch die Lizenz sind aufgrund vertraglicher oder gesetzlicher Rechte identifizierbar. Dies gilt selbst dann, wenn Technologiepatent und Lizenz nur gemeinsam veräußert oder anderweitig übertragen werden dürfen.

---

20 Vgl *Deloitte (Hrsg.)* iGAAP, 1950f *PwC (Hrsg.)* IFRS Manual, Rn 25.90ff; *Ernst & Young (Hrsg.)* International GAAP, 643f.

(b) Ein immaterieller Vermögenswert kann aufgrund des Separierbarkeitskriteriums auch dann identifizierbar sein, wenn der Vermögenswert nur gemeinsam mit einem Vertrag, einem anderen Vermögenswert oder einer anderen Schuld veräußert oder übertragen werden kann, vgl IFRS 3.B33 und B34.

Beispiel

Unternehmen A besitzt ein eingetragenes Warenzeichen und das nicht-patentierte Fachwissen zur Herstellung des Markenproduktes. Warenzeichen und Fachwissen können nur gemeinsam übertragen werden. Das nicht-patentierte Fachwissen erfüllt das Separierbarkeitskriterium, da es gemeinsam mit dem Patent übertragen werden muss.

(c) Eine immaterieller Vermögenswert für die Belegschaft ist nicht identifizierbar und darf daher nicht angesetzt werden, vgl IFRS 3.B37-B40.

Die Beispiele zu IFRS 3, enthalten in IFRS 3, IE16ff eine umfangreiche Liste immaterieller Vermögenswerte, die identifizierbar sind.[21]

75 Die Ansatzpflicht besteht unabhängig davon, ob die Vermögenswerte und Schulden bereits beim erworbenen Unternehmen bilanziert wurden. Der Erwerber ist daher beispielsweise zum Ansatz solcher immaterieller Vermögenswerte verpflichtet die beim erworbenen Unternehmen bislang einem Ansatzverbot unterlagen, da es sich um selbsterstellte immaterielle Vermögenswerte handelt, die gemäß IAS 38.51ff einem Ansatzverbot unterliegen.

76 Die erworbenen Vermögenswerte und Schulden sind nach IFRS 3.18 zum beizulegenden Zeitwert im Erwerbszeitpunkt zu bewerten. Der **beizulegende Zeitwert** (fair value) ist der Betrag, zu dem zwischen sachverständigen, vertragswilligen und voneinander unabhängigen Geschäftspartnern unter marktüblichen Bedingungen ein Vermögenswert getauscht oder eine Schuld beglichen werden könnte, vgl IFRS 3 Appendix A.

Die Definition des beizulegenden Zeitwertes wurde zwischenzeitlich mit der Veröffentlichung von IFRS 13 *Fair Value* überholt. IFRS 13 definiert den beizulegenden Zeitwert als den Preis, den man in einer gewöhnlichen Transaktion zwischen Marktteilnehmern am Bewertungsstichtag beim Verkauf eines Vermögenswerts erhalten würde oder bei der Übertragung einer Schuld zu zahlen hätte. IFRS 13 tritt für nach dem 1. Januar 2013 beginnende Geschäftsjahre in Kraft. Die freiwillige frühere Anwendung des Standards ist zulässig.

77 Das IASB überarbeitet gegenwärtig im Rahmen seines Fair Value Measurement-Projektes die Vorschriften zur Ermittlung des beizulegenden Zeitwertes.[22] IFRS 3 soll dem nicht vorweggreifen und enthält daher nur sehr begrenzt Anwendungshinweise zur Ermittlung des beizulegenden Zeitwertes. In der Zwischenzeit hat das IDW diese Regelungslücke teilweise mit Verabschiedung der Stellungnahme **IDW RS HFA 16** *Bewertungen bei der Abbildung von Unternehmenserwerben und bei Werthaltigkeitsprüfungen nach IFRS* geschlossen. Für die Bewertung einzelner Vermögenswerte und Schulden kommen hiernach insbesondere drei Bewertungsmethoden in Frage:

78 (a) **Marktpreisorientierte Verfahren:** Bei diesen Verfahren sind die auf aktiven Märkten feststellbaren Preise für die zu bewertenden Vermögenswerte oder Schulden zu ermitteln. Können keine Preise auf einem aktiven Markt gefunden werden, ist zu prüfen, ob vergleichbare Markttransaktionen unter Berücksichtigung entsprechender Anpassungen zur Bewertung der Vermögenswerte und Schulden

---

21 Vgl *Senger/Brune/Diersch/Eprana* Beck'sches IFRS Handbuch, 102ff; *Lüdenbach* Haufe-Kommentar, Rn 56ff; *KPMG (Hrsg.)* Handbook Business Combinations, 70ff und 81ff; *PwC (Hrsg.)* Global Guide to Business Combinations, 133ff; *Deloitte (Hrsg.)* iGAAP, 1940ff; *Ernst & Young (Hrsg.)* International GAAP, 761ff.
22 Zum Stand des Fair Value Projektes vgl http://www.ifrs.org/Current+Projects/IASB+Projects/Fair+Value+Measurement/Fair+Value+Measurement.htm (15. August 2010).

V. Erwerbsmethode

herangezogen werden können. Der Rückgriff auf vergleichbare Markttransaktionen wird auch als Analogiemethode bezeichnet.[23]

(b) **Kapitalwertorientierte Verfahren**: Diese Verfahren ermitteln den beizulegenden Zeitwert anhand des Barwertes der den Vermögenswerten und Schulden zuzurechnenden Zahlungsströme. Im Zentrum der kapitalwertorientierten Verfahren steht daher die Prognose der zukünftigen Zahlungsströme sowie die Bestimmung des Kapitalisierungszinssatzes.[24] Kapitalwertorientierte Verfahren sind im Rahmen der Unternehmensbewertung weit verbreitet. Eine Schwierigkeit bei der Anwendung dieses Verfahrens bei der Bilanzierung von Unternehmenszusammenschlüssen liegt aber in der Notwendigkeit, einzelnen Vermögenswerten und Schulden Zahlungsströme zuzuordnen. Die Bewertungspraxis hat daher zur Bewertung immaterieller Vermögenswerte die folgenden Abwandlungen der klassischen kapitalwertorientierten Verfahren entwickelt:

79

i) **Methode der Lizenzpreisanalogie**: Im Rahmen der Methode der Lizenzpreisanalogie (relief-from-royalty method) wird der Wert eines immateriellen Vermögenswertes als Barwert der ersparten Lizenzzahlungen berechnet, die für den Gebrauch des Vermögenswertes zu entrichten wären, wenn sich der Vermögenswert nicht im Eigentum des Unternehmens befinden würde.[25]

ii) **Residualwertmethode**: Immaterielle Vermögenswerte generieren Zahlungsströme normalerweise im Verbund mit anderen Vermögenswerten. Im Rahmen der Residualwertmethode (multi-period excess earnings method) werden bei der Ermittlung der dem immateriellen Vermögenswert zuzurechnenden Zahlungsströme fiktive Auszahlungen für unterstützende Vermögenswerte (contributory asset charges) angenommen. Der Wert des immateriellen Vermögenswertes entspricht dem Barwert der dem immateriellen Vermögenswert zuzuordnenden Nettozahlungsströme.[26]

iii) **Mehrgewinnmethode**: Die Mehrgewinnmethode (incremental cash-flow method) vergleicht die zukünftig zu erwartenden Zahlungsströme des Unternehmens einschließlich des zu bewertenden immateriellen Vermögenswertes mit einem fiktiven Vergleichsunternehmen ohne den Vermögenswert. Die Differenz der beiden Zahlungsströme wird dem zu bewertenden Vermögenswert zugeordnet. Der Wert des immateriellen Vermögenswertes entspricht wiederum dem Barwert der dem immateriellen Vermögenswert zuzuordnenden Nettozahlungsströme.[27]

(c) **Kostenorientierte Verfahren**: Bei diesen Verfahren werden die Kosten ermittelt, die notwendig wären, um ein exaktes Duplikat des Vermögenswertes (Reproduktionskostenmethode) oder um einen nutzungsäquivalenten Vermögenswert (Wiederbeschaffungskostenmethode) anzuschaffen oder herzustellen.[28]

80

Keine der hier vorgestellten Methoden kann pauschal auf alle erworbenen Vermögenswerte und Schulden angewendet werden. Die Ermittlung der beizulegenden Zeitwerte erfordert regelmäßig die Anwendung gleich mehrerer Bewertungsmethoden. Die IFRS geben in diesem Zusammenhang den marktpreisorientierten Verfahren den Vorrang. Können diese nicht angewendet werden, weil beispielsweise kein Markt für die zu bewertenden Vermögenswerte existiert, soll auf kapitalwertorientierte Verfahren zurückgegriffen werden. Zur Anwendung kostenorientierter Verfahren dürfte es nur in Ausnahmefällen kommen.

81

---

23 Vgl IDW RS HFA 16, 8.
24 Vgl IDW RS HFA 16, 8ff.
25 Vgl IDW RS HFA 16, 14.
26 Vgl IDW RS HFA 16, 14f.
27 Vgl IDW RS HFA 16, 15f.
28 Vgl IDW RS HFA 16, 12.

82 Im Folgenden soll auf eine Reihe von Sonderfragen beim Ansatz und der Bewertung bestimmter Vermögenswerte und Schulden eingegangen werden.

83 **(1) Zurückerworbene Rechte**: Im Rahmen des Unternehmenszusammenschlusses kann es dazu kommen, dass der Erwerber ein Recht zurückwirbt, das er zuvor selbst dem erworbenen Unternehmen eingeräumt hat. Das zurückerworbene Recht stellt einen immateriellen Vermögenswert dar, der in der Bilanz des Erwerbers zu aktivieren ist. IFRS 3.29 enthält eine besondere Bewertungsvorschrift für zurückerworbene Rechte, nach der bei der Bewertung eines zurückerworbenen Rechtes mögliche Vertragsverlängerungen nicht berücksichtigt werden dürfen, ansonsten richtet sich die Bewertung nach den allgemeinen Grundsätzen zur Ermittlung des beizulegenden Zeitwertes.[29]

84 Eng verbunden mit der Bilanzierung zurückerworbener Rechte ist die allgemeine Frage, wie die **Erfüllung vor dem Unternehmenszusammenschluss bestehender Beziehungen** zwischen dem Erwerber und dem erworbenen Unternehmen abgebildet werden soll. Eine solche vorher bestehende Beziehung kann vertraglicher Natur sein, muss es aber nicht. Ein Beispiel für eine vertragliche Beziehung ist eine Lieferbeziehung. Ein Beispiel für eine nicht-vertragliche Beziehung ist das Verhältnis zwischen Kläger und Beklagtem in einem Gerichtsverfahren.

85 Die Erfüllung der vorher bestehenden Beziehung zwischen Erwerber und erworbenen Unternehmen ist gemäß IFRS 3.52(a) getrennt vom Unternehmenszusammenschluss zu bilanzieren. Aus der Erfüllung der vor dem Unternehmenszusammenschluss bestehenden Beziehung kann sich daher ein Gewinn- oder Verlust für den Erwerber ergeben. Dieser ermittelt sich gemäß IFRS 3.B52 wie folgt:

(a) für eine zuvor bestehende nicht vertragliche Beziehung ergibt sich ein Gewinn oder Verlust in Höhe des beizulegenden Zeitwertes der Beziehung;

(b) für eine zuvor bestehende vertragliche Beziehung, ergibt sich ein Gewinn oder Verlust in Höhe des niedrigeren der folgenden beiden Beträge:

  (i) der Betrag, zu dem der Vertrag aus der Sicht des Erwerbers vorteilhaft oder nachteilig im Vergleich mit den Bedingungen für vergleichbare aktuelle Markttransaktionen ist und

  (ii) der in den Erfüllungsbedingungen des Vertrags genannte Betrag, der für die andere Partei durchsetzbar ist.

Ist der unter (ii) ermittelte Betrag geringer als der unter (i) ermittelte Betrag, ist der Unterschied Bestandteil der Bilanzierung des Unternehmenszusammenschlusses.

86 Der letztendlich auszuweisende Gewinn- oder Verlust hängt zusätzlich von der Frage ab, ob der Erwerber zuvor einen Vermögenswert oder eine Schuld bilanziert hat, die nunmehr auszubuchen ist.[30]

Beispiel

Unternehmen A hat einen mehrjährigen Liefervertrag mit Unternehmen B abgeschlossen, aufgrund dessen B Automobilkomponenten an A liefert. Der Lieferpreis liegt über dem Marktpreis der Komponenten. Die verbleibende Vertragslaufzeit beläuft sich auf 2 Jahre. Im Falle einer Kündigung des Vertrags ist A verpflichtet eine Vertragsstrafe von €10 Mio. an B zu leisten. A erwirbt B im Rahmen eines Unternehmenszusammenschlusses. Der beizulegende Zeitwert des Vertrages im Erwerbszeitpunkt beläuft sich auf €8 Mio.

Der Erwerber erfasst einen Gewinn in Höhe von €8 Mio. (der niedrigere Wert aus der Vertragsstrafe von €10 Mio. und dem für den Erwerber nachteiligen Betrag von €8 Mio.). Der Erwerber hatte

---

29 Vgl *KPMG (Hrsg.)* Handbook Business Combinations, 39ff; *PwC (Hrsg.)* Global Guide to Business Combinations, 44ff; *Deloitte (Hrsg.)* iGAAP, 1981f; *Ernst & Young (Hrsg.)* International GAAP, 663f und 672f.
30 Vgl *KPMG (Hrsg.)* Handbook Business Combinations, 36ff; *PwC (Hrsg.)* Global Guide to Business Combinations, 72ff; *Deloitte (Hrsg.)* iGAAP, 1982ff.

zuvor keine Drohverlustrückstellung gebildet, da der Vertrag zwar im Vergleich zu den aktuellen Marktbedingungen nachteilig war, aber nicht zu einem Verlust für den Erwerber führte.

(2) Vermögenswerte für Entschädigungsleistungen: Es ist nicht unüblich, dass der Veräußerer dem Erwerber im Rahmen des Unternehmenszusammenschlusses die Höhe bestimmter Vermögenswerte und Schulden garantiert. Beispiele hierfür sind etwa die sachgerechte Bewertung von Steuerschulden oder Prozessrückstellungen, bei denen sich der Veräußerer ab einer bestimmten Höhe zur Entrichtung aller weiteren Zahlungen verpflichtet. Der Erwerber bilanziert in diesen Fällen einen Vermögenswert für Entschädigungsleistungen (indemnification asset). Die Bilanzierung des Vermögenswertes erfolgt nicht notwendigerweise zum beizulegenden Zeitwert sondern folgt den Bilanzierungsregeln des abgesicherten Vermögenswertes bzw. der Schuld, vgl IFRS 3.27 und 28.[31]

87

(3) Finanzinstrumente: Die Bilanzierungsvorschriften für Finanzinstrumente befinden sich in IFRS 9, IAS 32 und IAS 39. Übernimmt der Erwerber im Rahmen des Unternehmenszusammenschlusses Finanzinstrumente, folgt deren erstmalige Erfassung und Bewertung beim Erwerber den allgemeinen Vorschriften zur Bilanzierung von Unternehmenszusammenschlüssen, dh insbesondere dass die übernommenen finanziellen Vermögenswerte und Schulden mit dem beizulegenden Zeitwert im Erwerbszeitpunkt bewertet werden müssen. Dies bedeutet auch das Korrekturposten zur **Wertberichtigung von Forderungen** des erworbenen Unternehmens nicht in den Abschluss des Erwerbers übernommen werden dürfen. Es ist vielmehr eine Neubewertung der Forderung vorzunehmen, vgl IFRS 3.B41.[32] Der Erwerber ist allerdings nach IFRS 3.B64(h) verpflichtet, den Zeitwert der erworbenen Forderungen, die Bruttobeträge der vertraglichen Forderungen und die zum Erwerbszeitpunkt bestmögliche Schätzung der vertraglichen Zahlungsströme, die voraussichtlich uneinbringlich sein werden, anzugeben.

88

IFRS 3.16 stellt ferner klar, dass für die Klassifizierung von Finanzinstrumenten einzig die Verhältnisse zum Erwerbszeitpunkt ausschlaggebend sind. Das heißt insbesondere dass:

89

(a) die **Einstufung finanzieller Vermögenswerte oder Verbindlichkeiten** nach IAS 39 als erfolgswirksam zum beizulegenden Zeitwert bewertet, als zur Veräußerung verfügbar, als bis zur Endfälligkeit gehalten oder als Kredite und Forderungen entsprechend den Verhältnissen im Erwerbszeitpunkt vorgenommen werden muss. Die Vorschrift ist entsprechend auf die Vorschriften zur Einstufung von Finanzinstrumenten in IFRS 9 anzuwenden.

(b) das **Vorliegen eines Sicherungszusammenhangs** nach den Verhältnissen im Erwerbszeitpunkt überprüft werden muss. Kritisch ist hierbei insbesondere, dass die Effektivität des Sicherungsgeschäftes im Erwerbszeitpunkt nicht mehr gegeben sein könnte und daher Sicherungsbeziehungen des erworbenen Unternehmens uU nicht übernommen werden können. Umgekehrt können im Erwerbszeitpunkt aber auch neue Sicherungsbeziehungen, mit Vermögenswerten, Schulden oder Geschäften des Erwerbers, designiert werden.

(c) die **Beurteilung der Separierbarkeit eines eingebetteten Derivates** nach den Verhältnissen im Erwerbszeitpunkt vorgenommen werden muss.[33]

(4) Leasingverträge: Die Bilanzierung von Leasingverträgen ist in IAS 17 *Leases* geregelt. IAS 17.4 unterscheidet zwischen Finanzierungs- und Operating-Leasingverhältnissen. Die **Einstufung** eines Leasingverhältnisses als Finanzierungs- oder Operatinglease wird zu Beginn des Leasingverhältnisses vorgenommen, vgl IAS 17.13. IFRS 3.17 bestimmt in diesem Zusammenhang, dass die ursprüngliche

90

---

31 Vgl *KPMG (Hrsg.)* Handbook Business Combinations, 78; *PwC (Hrsg.)* Global Guide to Business Combinations, 53; *Deloitte (Hrsg.)* iGAAP, 1986ff; *Ernst & Young (Hrsg.)* International GAAP, 671f.
32 Vgl *KPMG (Hrsg.)* Handbook Business Combinations, 74ff; *PwC (Hrsg.)* Global Guide to Business Combinations, 49; *Deloitte (Hrsg.)* iGAAP, 1955f; *Ernst & Young (Hrsg.)* International GAAP, 666.
33 Vgl *KPMG (Hrsg.)* Handbook Business Combinations, 73ff; *PwC (Hrsg.)* Global Guide to Business Combinations, 56; *Deloitte (Hrsg.)* iGAAP, 1954f; *Ernst & Young (Hrsg.)* International GAAP, 646ff.

Einstufung des Leasingverhältnisses im Rahmen des Unternehmenszusammenschlusses beibehalten werden muss.[34] Die Bewertung eines **Finanzierungsleases** richtet sich nach den allgemeinen Grundsätzen und erfolgt zum beizulegenden Zeitwert im Erwerbszeitpunkt und zwar unabhängig davon, ob der Erwerber in die Rolle eines Leasingnehmers oder eines Leasinggebers eintritt.

91 Handelt es sich um einen Operatinglease setzt der Leasingnehmer normalerweise auch im Unternehmenszusammenschluss keine Vermögenswerte oder Schulden an, die sich auf das Leasingverhältnis beziehen, vgl IFRS 3.B28. Eine Ausnahme besteht jedoch für solche **Operatingleases**, die am Erwerbsstichtag vorteilhaft oder nachteilig für den **Leasingnehmer** sind, da sich zB die Marktbedingungen seit Abschluss des Leasingvertrages geändert haben. In diesem Fall erfasst der Erwerber gemäß IFRS 3.B29 einen immateriellen Vermögenswert für das vorteilhafte oder nachteilige Vertragsverhältnis, der zum beizulegenden Zeitwert bewertet wird. Ausnahmsweise können auch Leasingverträge, die den Marktbedingungen im Erwerbszeitpunkt entsprechen, einen eigenen Wert haben. Dies ist dann der Fall, wenn andere Marktteilnehmer bereit wären, eine Prämie für den Abschluss des gleichen Leasingverhältnisses zu zahlen. Der Standard führt in diesem Zusammenhang Zugangsrechte zu Flughafengates und Ladenlokalmieten in erstklassigen Einkaufsvierteln als Beispiele an, vgl IFRS 3.B30.

92 Der **Leasinggeber** in einem Operatinglease bilanziert gemäß IAS 17.49 den Vermögenswert, der Gegenstand des Leasingverhältnisses ist. Die Bewertung des Vermögenswertes ist entsprechend den allgemeinen Grundsätzen zum beizulegenden Zeitwert im Erwerbszeitpunkt vorzunehmen. IFRS 3.B42 stellt klar, dass der gesonderte Ansatz eines immateriellen Vermögenswertes für Leasingkonditionen, die im Vergleich zu den Marktbedingungen vorteilhaft oder nachteilig sind, nicht erforderlich ist. Die abweichenden Vertragsbedingungen werden bereits bei der Bewertung des Vermögenswertes berücksichtigt.[35]

93 **(5) Zur Veräußerung gehaltene langfristige Vermögenswerte**: Die Bewertung von zur Veräußerung gehaltenen langfristigen Vermögenswerten richtet sich nach den Vorschriften in IFRS 5 *Non-current Assets held for Sale and Discontinued Operations*. Nach IFRS 5.6 wird ein langfristiger Vermögenswert (oder eine Veräußerungsgruppe) als zur Veräußerung gehalten klassifiziert, wenn der zugehörige Buchwert überwiegend durch ein Veräußerungsgeschäft und nicht durch die fortgesetzte Nutzung des Vermögenswertes realisiert wird. Die Bewertung im Rahmen eines Unternehmenszusammenschlusses erworbener zur Veräußerung gehaltener langfristiger Vermögenswerte erfolgt gemäß IFRS 3.31 in Übereinstimmung mit IFRS 5.15 zum beizulegenden Zeitwert abzüglich Veräußerungskosten. Die Vorschrift soll die Notwendigkeit einer Wertberichtigung unmittelbar im Anschluss an den Unternehmenserwerb vermeiden, die sich ergeben würde, wenn zur Veräußerung gehaltene langfristige Vermögenswerte im Erwerbszeitpunkt gemäß dem allgemeinen Bewertungsgrundsatz in IFRS 3 zum beizulegenden Wert und danach gemäß IFRS 5.15 zum beizulegenden Wert abzüglich Veräußerungskosten zu bewerten wären.[36]

94 **(6) Leistungen an Arbeitnehmer**: Leistungen an Arbeitnehmer sollen gemäß IFRS 3.26 nach den in IAS 19 *Employee Benefits* enthaltenen Vorschriften bilanziert werden. Danach sind **kurzfristig fällige Leistungen** an Arbeitnehmer entsprechend IAS 19.10 mit dem nicht abgezinsten Betrag der kurzfristig fälligen Leistung zu erfassen, der erwartungsgemäß im Austausch für diese Arbeitsleistung gezahlt wird. **Leistungen nach Beendigung des Arbeitsverhältnisses** können in Form beitrags- oder leistungsorientierter Pläne vorliegen. IAS 19.7 definiert **beitragsorientierte Pläne** als Pläne für Leistungen nach Beendigung des Arbeitsverhältnisses, bei denen ein Unternehmen festgelegte Beiträge an eine eigenständige

---

34 Vgl *KPMG* (Hrsg.) Handbook Business Combinations, 98f; *PwC* (Hrsg.) Global Guide to Business Combinations, 56; *Deloitte* (Hrsg.) iGAAP, 1955; *Ernst & Young* (Hrsg.) International GAAP, 646f.
35 Vgl *KPMG* (Hrsg.) Handbook Business Combinations, 99ff; *PwC* (Hrsg.) Global Guide to Business Combinations, 150ff; *Deloitte* (Hrsg.) iGAAP, 1960ff; *Ernst & Young* (Hrsg.) International GAAP, 648f.
36 Vgl *KPMG* (Hrsg.) Handbook Business Combinations, 79f; *PwC* (Hrsg.) Global Guide to Business Combinations, 47; *Deloitte* (Hrsg.) iGAAP, 1986; *Ernst & Young* (Hrsg.) International GAAP, 673.

Einheit (einen Pensionsfonds) entrichtet und weder rechtlich noch faktisch zur Zahlung darüber hinausgehender Beiträge verpflichtet ist, wenn der Fonds nicht über ausreichende Vermögenswerte verfügt, um alle Leistungen in Bezug auf Arbeitsleistungen der Arbeitnehmer in der Berichtsperiode und früheren Perioden zu erbringen. Die Bewertung beitragsorientierter Pläne erfolgt gemäß IAS 19.44 und 45 zu den ggf. abzuzinsenden Beiträgen.

Leistungsorientierte Pläne sind gemäß IAS 19.7 Pläne für Leistungen nach Beendigung des Arbeitsverhältnisses, die nicht unter die Definition der beitragsorientierten Pläne fallen. IAS 19.108 schreibt vor, dass der Erwerber Vermögenswerte und Schulden aus Plänen für Leistungen nach Beendigung des Arbeitsverhältnisses mit dem Barwert der zugesagten Leistungen abzüglich des beizulegenden Zeitwertes des vorhandenen Planvermögens anzusetzen hat. Der Barwert der Leistungsverpflichtung beinhaltet dabei die folgenden Elemente, selbst wenn diese zum Zeitpunkt des Erwerbs vom erworbenen Unternehmen noch nicht erfasst worden waren: (a) versicherungsmathematische Gewinne und Verluste, die vor dem Erwerbszeitpunkt entstanden sind (ungeachtet dessen, ob sie innerhalb des 10 %-Korridors liegen oder nicht), (b) nachzuverrechnender Dienstzeitaufwand als Folge der Änderung oder Einführung eines Planes vor dem Erwerbszeitpunkt, und (c) Beträge, die den Übergangsvorschriften aus IAS 19.155(b) folgend vom erworbenen Unternehmen noch nicht erfasst waren. Die **Bewertung anderer langfristig fälliger Leistungen** an Arbeitnehmer richtet sich nach IAS 19.128-30 und die Bewertung von **Leistungen aus Anlass der Beendigung eines Arbeitsverhältnisses** nach IAS 19.139 und 140.[37]

Das IASB hat im Juni 2011 eine überarbeitete Fassung von IAS 19 veröffentlicht, die insbesondere die zeitverzögerte Erfassung von Änderungen der Nettopensionsverpflichtung im Rahmen der Korridormethode unterbindet. Die Änderungen sind für ab dem 1. Januar 2013 beginnende Geschäftsjahre anzuwenden. Die freiwillige frühere Anwendung der überarbeiteten Vorschriften ist zulässig.

(7) **Eventualverbindlichkeiten**: Die Bilanzierung von Eventualverbindlichkeiten (contingent liabilities) ist in IAS 37 *Provisions, Contingent Liabilities and Contingent Assets* geregelt. IAS 37.10 definiert eine Eventualverbindlichkeit als:

(a) eine mögliche Verpflichtung, die aus vergangenen Ereignissen resultiert und deren Existenz durch das Eintreten oder Nichteintreten eines oder mehrerer unsicherer künftiger Ereignisse erst noch bestätigt wird, die nicht vollständig unter der Kontrolle des Unternehmens stehen; oder

(b) eine gegenwärtige Verpflichtung, die auf vergangenen Ereignissen beruht, jedoch nicht angesetzt wird, weil (i) ein Abfluss von Ressourcen unwahrscheinlich ist oder (ii) die Höhe der Verpflichtung nicht ausreichend verlässlich geschätzt werden kann.

Eventualverbindlichkeiten werden gemäß IAS 37.27 nicht bilanziert. Es kann aber eine Anhangangabepflicht nach IAS 37.86 bestehen. Die Regelungen in IAS 37 können zum Nichtansatz solcher Eventualverbindlichkeiten führen, die die Definition einer Schuld im Rahmen des Conceptual Framework erfüllen.[38] Das IASB hat sich daher entschlossen, für die Bilanzierung von Unternehmenszusammenschlüssen von der Vorschrift in IAS 37.27 abzuweichen und den Ansatz aller im Rahmen eines Unternehmenszusammenschlusses übernommenen Eventualverbindlichkeiten zu verlangen, die die Definition einer Schuld im Conceptual Framework erfüllen. Dies bedeutet, dass mögliche Verpflichtungen im Sinne von IAS 37.10(a) auch im Rahmen eines Unternehmenszusammenschlusses nicht bilanziert werden. Umgekehrt sind aber alle gegenwärtigen Verpflichtungen in Sinne von IAS 37.10(b) unabhängig davon, ob der Abfluss von Ressourcen wahrscheinlich ist oder nicht, ansatzpflichtig. Das IASB geht davon aus, dass der Erwerber über-

---

37 Vgl *KPMG (Hrsg.)* Handbook Business Combinations, 79; *PwC (Hrsg.)* Global Guide to Business Combinations, 48; *Deloitte (Hrsg.)* iGAAP, 1986; *Ernst & Young (Hrsg.)* International GAAP, 670.
38 F.49(b) definiert eine Schuld al seine gegenwärtige Verpflichtung des Unternehmens, die aus Ereignissen der Vergangenheit entsteht und deren Erfüllung für das Unternehmen erwartungsgemäß mit dem Abfluss von Ressourcen mit wirtschaftlichem Nutzen verbunden ist.

nommenen Eventualverbindlichkeiten im Rahmen der Kaufpreisverhandlungen einen Wert zuordnet und sieht dies als Indiz, dass eine ausreichend verlässliche Schätzung der Höhe der Eventualverbindlichkeit in der Regel möglich ist. Die Bewertung der Eventualverbindlichkeit erfolgt entsprechend dem allgemeinen Bewertungsgrundsatz zum beizulegenden Zeitwert. Zur Folgebilanzierung vgl Rn 146ff.[39]

98 IAS 37.10 definiert **Eventualforderungen** als einen möglichen Vermögenswert, der aus vergangenen Ereignissen resultiert und dessen Existenz durch das Eintreten oder Nichteintreten eines oder mehrerer unsicherer künftiger Ereignisse erst noch bestätigt wird, die nicht vollständig unter der Kontrolle des Unternehmens stehen. Eventualforderungen dürfen nach IAS 37.27 nicht angesetzt werden. Dies gilt auch für im Rahmen eines Unternehmenszusammenschlusses erworbene Eventualforderungen, da die Definition eines Vermögenswertes nicht erfüllt ist.[40]

99 **(8) Latente Steuern**: IFRS 3.24 und 25 verweisen für die Bilanzierung latenter Steuern auf die Vorschriften in IAS 12 *Income Taxes*. IAS 12.19 führt hierzu aus, dass sich temporäre Differenzen im Rahmen eines Unternehmenszusammenschlusses ergeben können, wenn die steuerliche Basis der erworbenen identifizierbaren Vermögenswerte oder übernommenen identifizierbaren Schulden vom Unternehmenszusammenschluss nicht oder anders beeinflusst wird als die Ansätze im IFRS-Abschluss. Temporäre Differenzen ergeben sich daher beispielsweise, wenn ein im Rahmen eines Unternehmenszusammenschlusses erworbener Vermögenswert mit dem beizulegenden Zeitwert angesetzt wird, in der Steuerbilanz aber der Buchwert des erworbenen Vermögenswertes beibehalten wird.

100 Ein **latenter Steueranspruch** ist gemäß IAS 12.24 für alle abzugsfähigen temporären Differenzen in dem Maße zu bilanzieren, wie es wahrscheinlich ist, dass ein zu versteuernder Gewinn verfügbar sein wird, gegen den die abzugsfähige temporäre Differenz verwendet werden kann. Die Wahrscheinlichkeit der Realisierung eines latenten Steueranspruches kann sich im Rahmen eines Unternehmenszusammenschlusses ändern. Beispielsweise kann der Erwerber aufgrund des Unternehmenszusammenschlusses zu der Schlussfolgerung kommen, dass ein bisher nicht bilanzierter latenter Steueranspruch aus einem Verlustvortrag nunmehr realisiert werden kann. In solchen Fällen bilanziert der Erwerber gemäß IAS 12.67 erfolgswirksam eine Änderung des latenten Steueranspruchs in der Periode des Unternehmenszusammenschlusses. Die Anpassung des latenten Steueranspruchs ist nicht Bestandteil des Unternehmenszusammenschlusses und wirkt sich daher nicht auf die Ermittlung des Geschäfts- oder Firmenwertes aus.

101 Es ist möglich, dass der Erwerb latenter Steueransprüche zunächst nicht bilanziert wird, da der Erwerber eine Realisierung des latenten Steueranspruchs für unwahrscheinlich hält. Ändert sich diese Einschätzung in Folgeperioden, kann gemäß IAS 12.68 eine Anpassung des latenten Steueranspruchs erforderlich werden. Ergibt sich die Anpassungspflicht innerhalb des Bewertungszeitraums (measurement period), folgt hieraus eine Anpassung des Geschäfts- oder Firmenwertes. Anpassungen außerhalb des Bewertungszeitraums müssen erfolgswirksam vorgenommen werden, soweit die Vorschriften in IAS 12 nicht ausnahmsweise eine erfolgsneutrale Behandlung verlangen.

102 Latente Steuern wirken sich auf die Berechnung des **Geschäfts- oder Firmenwertes** aus. Gleichzeitig ergibt sich aus dem Ansatz eines Geschäfts- oder Firmenwertes selbst eine temporäre Differenz, soweit der Ansatz in der Steuerbilanz nicht nachvollzogen wird. Um diesem Rekursionsproblem vorzubeugen, verbietet IAS 12.15(a) den Ansatz latenter Steuern für einen Geschäfts- oder Firmenwert. Das Ansatzverbot bezieht sich auch auf nachträgliche Änderungen des Geschäfts- oder Firmenwertes, etwa aufgrund einer Wertminderung, vgl IAS 12.21A. Latente Steuern werden gemäß IAS 12.21B aber in dem Maße angesetzt, in dem sie nicht aus dem erstmaligen Ansatz des Geschäfts- oder Firmenwertes hervorgehen. Dies

---

39 Vgl *KPMG (Hrsg.)* Handbook Business Combinations, 76ff; *PwC (Hrsg.)* Global Guide to Business Combinations, 53; *Deloitte (Hrsg.)* iGAAP, 1979f; *Ernst & Young (Hrsg.)* International GAAP, 667f.
40 F.49(a) definiert eines Vermögenswert als eine in der Verfügungsgewalt des Unternehmens stehende Ressource, die ein Ergebnis von Ereignissen der Vergangenheit darstellt und von der erwartet wird, dass dem Unternehmen aus ihr künftiger wirtschaftlicher Nutzen zufließt.

ist beispielsweise der Fall, wenn der Geschäfts- oder Firmenwert steuerlich in Folgeperioden planmäßig abgeschrieben wird. Liegt der Buchwert des im IFRS-Abschluss angesetzten Geschäfts- oder Firmenwertes unter dem Betrag, mit dem er in der Steuerbilanz angesetzt wurde, ergibt sich ein latenter Steueranspruch, der nach IAS 12.32A ansatzpflichtig sein kann.[41]

(9) Versicherungsverträge: Die Bilanzierung von Versicherungsverträgen ist in IFRS 4 *Insurance Contracts* geregelt. IFRS 4 Appendix A definiert einen Versicherungsvertrag als einen Vertrag, bei dem eine Partei (der Versicherer) ein signifikantes Versicherungsrisiko von einer anderen Partei (dem Versicherungsnehmer) übernimmt, indem sie vereinbart, dem Versicherungsnehmer eine Entschädigung zu leisten, wenn ein spezifiziertes ungewisses künftiges Ereignis (das versicherte Ereignis) den Versicherungsnehmer nachteilig betrifft. IFRS 3.17 stellt klar, dass das Vorliegen eines Versicherungsvertrages nicht zum Erwerbszeitpunkt sondern basierend auf den Vertragsbedingungen und anderen Faktoren bei Vertragsabschluss (oder ggf. zum Zeitpunkt der späteren Änderung der Vertragsbedingungen) geprüft werden muss.[42]

Auf Versicherungsverträge sind die allgemeinen Vorschriften zur Bilanzierung von Unternehmenszusammenschlüssen anzuwenden. Versicherungsverträge sind daher mit dem beizulegenden Zeitwert im Erwerbszeitpunkt zu bilanzieren. IFRS 4.31 erlaubt dem Erwerber jedoch den beizulegenden Zeitwert in die beiden folgenden Komponenten aufzuteilen:

(a) eine Verbindlichkeit, die gemäß den Rechnungslegungsmethoden des Versicherers für von ihm gehaltene Versicherungsverträge bewertet wird, und

(b) einen **immateriellen Vermögenswert**, der die Differenz zwischen (i) dem beizulegenden Zeitwert der erworbenen vertraglichen Rechte und übernommenen vertraglichen Verpflichtungen aus Versicherungsverträgen und (ii) dem in (a) beschriebenen Vertrag darstellt.

4. Ansatz und Bewertung der Anteile nicht beherrschender Gesellschafter. Das Eigenkapital eines Tochterunternehmens, das einem Mutterunternehmen weder unmittelbar noch mittelbar zugeordnet wird, wird gemäß IAS 27.4 als Anteile nicht beherrschender Gesellschafter (non-controlling interest) bezeichnet. Zu den Anteilen nicht beherrschender Gesellschafter gehören neben von Dritten gehaltenen Stamm- und Vorzugsaktien von Tochterunternehmen des berichtenden Unternehmens auch Aktienoptionen (stock options) und bestimmte Derivate auf Aktien eines Tochterunternehmens. Aus der Definition ergibt sich, dass Anteile nicht beherrschender Gesellschafter im Eigenkapital des berichtenden Unternehmens auszuweisen sind.

Die Anteile nicht beherrschender Gesellschafter können aufgrund des **Wahlrechtes** in IFRS 3.19 im Erwerbszeitpunkt wahlweise mit dem beizulegenden Zeitwert oder mit dem Saldo des den nicht beherrschenden Gesellschaftern zustehenden Anteils an den identifizierbaren Vermögenswerten und Schulden des erworbenen Unternehmens bewertet werden. Im Ergebnis ergibt sich hieraus ein Wahlrecht, die Anteile nicht beherrschender Gesellschafter mit oder ohne Berücksichtigung des auf sie entfallenden Geschäfts- oder Firmenwertes zu bewerten. Das Wahlrecht darf für jeden Unternehmenszusammenschluss neu ausgeübt werden.[43]

IFRS 3.B44 und B45 enthalten weitere Anwendungshinweise, falls sich der Erwerber für eine **Bewertung** der Anteile nicht beherrschender Gesellschafter zum beizulegenden Zeitwert entscheidet. Werden

---

41 Vgl *Senger/Brune/Diersch/Eprana* Beck'sches IFRS Handbuch, 163ff; *KPMG (Hrsg.)* Handbook Business Combinations, 78; *PwC (Hrsg.)* Global Guide to Business Combinations, 165ff; *Deloitte (Hrsg.)* iGAAP, 1986.; *Ernst & Young (Hrsg.)* International GAAP, 669f.
42 Vgl *KPMG (Hrsg.)* Handbook Business Combinations, 73; *PwC (Hrsg.)* Global Guide to Business Combinations, 56; *Deloitte (Hrsg.)* iGAAP, 1955; *Ernst & Young (Hrsg.)* International GAAP, 646f.
43 Vgl *Senger/Brune/Diersch/Eprana* Beck'sches IFRS Handbuch, 217ff; *KPMG (Hrsg.)* Handbook Business Combinations, 127ff; *PwC (Hrsg.)* Global Guide to Business Combinations, 210; *Deloitte (Hrsg.)* iGAAP, 1957ff; *Ernst & Young (Hrsg.)* International GAAP, 686ff.

die Anteile des erworbenen Unternehmens an einer Börse oder anderem Markt aktiv gehandelt, kann zur Bewertung der Anteile nicht beherrschender Gesellschafter auf die dort festgestellten Kurse zurückgegriffen werden. Ist ein solcher Rückgriff nicht möglich, da die Anteile des erworbenen Unternehmens entweder nicht aktiv oder vielleicht überhaupt nicht gehandelt werden, sind alternative Bewertungsverfahren zur Bestimmung des beizulegenden Zeitwertes heranzuziehen. Die Anwendung alternativer Bewertungsverfahren erfordert oft die Bewertung des gesamten erworbenen Unternehmens zum beizulegenden Zeitwert, der dann auf die Anteile des Erwerbers und der nicht beherrschenden Gesellschafter verteilt werden muss. Eine Ableitung des beizulegenden Zeitwertes aus der vom Erwerber im Unternehmenszusammenschluss entrichteten Kaufpreiszahlung ist nicht unangepasst möglich, da die entrichtete Kaufpreiszahlung in der Regel einen Zuschlag für den Erwerb der Beherrschung (control premium) enthält, die für den beizulegenden Zeitwert der Anteile nicht beherrschender Gesellschafter nicht angesetzt werden darf. IFRS 3. B64(o)(ii) verpflichtet den Erwerber, Anhangangaben zur Bewertung der Anteile nicht beherrschender Gesellschafter zum beizulegenden Zeitwert zu machen.[44]

108 Schon kurz nach Veröffentlichung der Neufassung von IFRS 3 ergaben sich Anwendungsfragen, die eine nochmalige Überarbeitung der Vorschrift im Rahmen des **Annual Improvements Projektes** notwendig machten. Zu den Anteilen nicht beherrschender Gesellschafter zählen auch Aktienoptionen, die nicht zum beizulegenden Zeitwert sondern entsprechend den Vorschriften in IFRS 2 (market-based measure) bewertet werden. Das IASB hat daher im Rahmen des Annual Improvements Projektes klargestellt, dass soweit sich der Erwerber für eine Bewertung der Anteile nicht beherrschender Gesellschafter zum **beizulegenden Zeitwert** entscheidet, Aktienoptionen nicht zum beizulegenden Zeitwert sondern nach den Vorschriften in IFRS 2 bewertet werden sollen. Die Regel gilt entsprechend für andere Eigenkapitalinstrumente, für die die IFRS besondere Bewertungsvorschriften vorsehen.

109 Weiter reichende Probleme ergaben sich jedoch aus dem Wahlrecht, die Anteile nicht beherrschender Gesellschafter mit dem **Saldo des den nicht beherrschenden Gesellschaftern zustehenden Anteils an den identifizierbaren Vermögenswerten und Schulden** des erworbenen Unternehmens zu bewerten. Aktienoptionen geben ihrem Inhaber das Recht zukünftig an den identifizierbaren Vermögenswerten und Schulden des Unternehmens teilzuhaben. Es besteht hierauf aber kein gegenwärtiges Recht. Theoretisch wäre daher die Schlussfolgerung möglich, dass die Aktienoptionen mit einem Wert von Null angesetzt werden müssen. Um dieser Interpretation vorzubeugen, hat das IASB im Annual Improvements Projekt klargestellt, dass nur solche Eigenkapitalinstrumente mit dem Saldo des den Inhabern zustehenden Anteils der identifizierbaren Vermögenswerte und Schulden des erworbenen Unternehmens bewertet werden, die ihrem Inhaber gegenwärtig und im Falle der Liquidation einen proportionalen Anteil an den Vermögenswerten und Schulden verschaffen. Alle anderen Eigenkapitalinstrumente müssen entweder zum beizulegenden Zeitwert oder nach den Vorschriften anderer IFRS bewertet werden.[45]

110 Im Ergebnis ergibt sich hieraus, dass Stammaktien und die meisten deutschen Vorzugsaktien mit dem Saldo des den nicht beherrschenden Gesellschaften zustehenden Anteils an den identifizierbaren Vermögenswerten und Schulden des erworbenen Unternehmens bewertet werden dürfen. Vorzugsaktien nach dem Recht anderer Länder können insbesondere dann zum beizulegenden Zeitwert zu bewerten sein, wenn deren Inhaber, wie im angloamerikanischen Raum üblich, im Falle der Liquidation des erworbenen Unternehmens nicht proportional am Wert der Vermögenswerte und Schulden teilhaben. Aktienoptionen sind wiederum nach den Vorschriften in IFRS 2 und nicht etwa zum beizulegenden Zeitwert zu bewerten.

---

44 Vgl *PwC (Hrsg.)* Global Guide to Business Combinations, 290ff; *Deloitte (Hrsg.)* iGAAP, 1959f; *Ernst & Young (Hrsg.)* International GAAP, 686f.
45 Zum Annual Improvements Projekt vgl: http://www.ifrs.org/Current+Projects/IASB+Projects/Annual+Improvements/Annual+Improvements+Process.htm (15. August 2009).

V. Erwerbsmethode

Die Änderungen durch das Annual Improvements Projekt waren erstmals für am oder nach dem 1. Juli 2010 beginnende Berichtsperioden prospektiv anzuwenden.

Es ist nicht unüblich, dass nicht beherrschenden Gesellschaftern das Recht eingeräumt wird, ihre Anteile an dem erworbenen Unternehmen bei Eintritt bestimmter Voraussetzungen dem Erwerber **anzudienen** (puts on non-controlling interests). IAS 32.11 definiert eine finanzielle Verbindlichkeit als:

(a) eine vertragliche Verpflichtung, (i) einem anderen Unternehmen flüssige Mittel oder einen anderen finanziellen Vermögenswert zu liefern oder (ii) mit einem anderen Unternehmen finanzielle Vermögenswerte oder finanzielle Verbindlichkeiten zu potenziell nachteiligen Bedingungen auszutauschen; oder

(b) einen Vertrag, der in eigenen Eigenkapitalinstrumenten des Unternehmens erfüllt wird oder werden kann und bei dem es sich um Folgendes handelt: (i) ein nicht derivatives Finanzinstrument, das eine vertragliche Verpflichtung des Unternehmens enthält oder enthalten kann, eine variable Anzahl von Eigenkapitalinstrumenten des Unternehmens zu liefern oder (ii) ein derivatives Finanzinstrument, das nicht durch Austausch eines festen Betrags an flüssigen Mitteln oder anderen finanziellen Vermögenswerten gegen eine feste Anzahl von Eigenkapitalinstrumenten des Unternehmens erfüllt wird oder werden kann.

Aus der Definition einer **finanziellen Verbindlichkeit** ergibt sich, dass Andienungsrechte eine Umklassifizierung der Anteile nicht beherrschender Gesellschafter als Fremdkapital mit sich bringen können. Nach IAS 32.23 ist dann die finanzielle Verbindlichkeit in Höhe des Barwertes des Rückkaufbetrags einzubuchen. Bei Ablauf des Andienungsrechtes ist eine erneute Umklassifizierung aus dem Fremdkapital in die im Eigenkapital ausgewiesenen Anteile nicht beherrschender Gesellschafter notwendig.

Die Umklassifizierung der Anteile nicht beherrschender Gesellschafter als finanzielle Verbindlichkeiten bringt zahlreiche **Anwendungsfragen** mit sich, die sich das IFRIC derzeit zu klären bemüht. Dies sind ua die folgenden Fragen:

(a) Aus welchen Eigenkapitalposten soll die Umklassifizierung vorgenommen werden? Ist die Umbuchung unmittelbar aus den Anteilen nicht beherrschender Gesellschafter vorzunehmen oder erfolgt die Bildung eines negativen Ausgleichspostens?

(b) Wie soll die Folgebewertung der umklassifizierten Anteile nicht beherrschender Gesellschafter erfolgen? Richtet sich die Folgebewertung nach den Vorschriften in IAS 39 bzw. IFRS 9 und erfordert den erfolgswirksamen Ausweis von Wertänderungen der Anteile in der Gewinn- und Verlustrechnung oder sollen die Wertänderungen in Anlehnung an die Vorschriften in IAS 27 erfolgsneutral im Eigenkapital erfasst werden?

(c) Sind Dividenden auf als finanzielle Verbindlichkeiten umklassifizierte Anteile nicht beherrschender Gesellschafter erfolgswirksam in der Gewinn und Verlustrechnung oder erfolgsneutral im Eigenkapital zu erfassen?

(d) Ergeben sich Besonderheiten, wenn Andienungsrechte auf Anteile nicht beherrschender Gesellschafter die Definition einer bedingten Kaufpreiszahlung in IFRS 3 Appendix A erfüllen?

Das IFRS Interpretation Committee hat im Mai 2012 den Interpretationsentwurf IFRIC DI/2012/2 *Put Options Written on Non-controlling Interests* veröffentlicht. Der Entwurf regelt ausschließlich die Folgebewertung der umklassifizierten Anteile nicht beherrschender Gesellschafter und stellt klar, dass die Folgebewertung der Verbindlichkeit zum beizulegenden Zeitwert erfolgswirksam in der Gewinn- und Verlustrechnung vorgenommen werden soll. Die Kommentierungsfrist für den Entwurf endete am 1.

Oktober 2012. Mit der Veröffentlichung einer endgültigen Interpretation ist nicht vor Mitte 2013 zu rechnen.[46]

116 **5. Ansatz und Bewertung des Geschäfts- oder Firmenwertes oder eines Gewinns aus einem Erwerb zu einem Preis unter dem Marktwert.** Der Geschäfts- oder Firmenwert ist in IFRS 3 Appendix A nur indirekt als Residualgröße definiert. Er repräsentiert den künftigen wirtschaftlichen Nutzen aus Vermögenswerten, die nicht einzeln identifiziert und separat angesetzt werden können. Er ermittelt sich gemäß IFRS 3.32 als Differenz:

(a) der Summe aus
  (i) dem beizulegenden Zeitwert der entrichteten Kaufpreiszahlung
  (ii) dem Wert der Anteile der nicht beherrschenden Gesellschafter und
  (i) dem beizulegenden Zeitwert einer bereits vor dem Unternehmenszusammenschluss gehaltenen Beteiligung an dem übernommenen Geschäftsbetrieb und
(b) den den erworbenen Vermögenswerten und übernommenen Verbindlichkeiten beizulegenden Zeitwerten im Erwerbszeitpunkt.[47]

Beispiel

Unternehmen A erwirbt 80% der Anteile an Unternehmen B. A gibt an die Veräußerer von B Aktien mit einem beizulegenden Zeitwert von € 3 Mio. aus und zahlt zusätzlich € 1 Mio. in bar. Der beizulegende Zeitwert der erworbenen Vermögenswerte und Schulden beläuft sich auf € 4 Mio. A bewertet die Anteile nicht beherrschender Gesellschafter zum beizulegenden Zeitwert von € 1 Mio.

Der Geschäfts- oder Firmenwert berechnet sich wie folgt:

	€
Kaufpreiszahlung: Aktien Barzahlung	3 Mio. 1 Mio.
Anteile nicht beherrschender Gesellschafter	1 Mio.
Zwischensumme	5 Mio.
Abzgl. Vermögenswerte und Schulden	- 4 Mio.
Geschäfts- oder Firmenwert	1 Mio.

A aktiviert einen Geschäfts- oder Firmenwert in Höhe von € 1 Mio.

117 IFRS 3.33 stellt fest, dass bei einem Unternehmenszusammenschluss, bei dem der Erwerber und der Veräußerer oder das erworbene Unternehmen nur Eigenkapitalanteile tauschen, der zum Erwerbszeitpunkt geltende beizulegende Zeitwert der Eigenkapitalanteile des erworbenen Unternehmens eventuell verlässlicher bestimmt werden kann als der zum Erwerbszeitpunkt geltende beizulegende Zeitwert der Eigenkapitalanteile des Erwerbers. Der Erwerber muss dann den Betrag des Geschäfts- oder Firmenwerts ermitteln, indem er den zum Erwerbszeitpunkt geltenden beizulegenden Zeitwert der Eigenkapitalanteile des erworbenen Unternehmens anstatt den zum Erwerbszeitpunkt geltenden beizulegenden

---

[46] Das Projekt wurde bisher im Mai und Juli 2010 diskutiert, vgl IFRIC Update July 2010, 2f und Observer Notes 4A-4E der IFRIC Sitzung sowie IFRIC Update May 2010, 2f und Observer Note 11 der IFRIC Sitzung. Zum weiteren Projektfortschritt vgl: http://www.ifrs.org/Current+Projects/IFRIC+Projects/IFRIC+Projects.htm (15. August 2010)
[47] Vgl *KPMG (Hrsg.)* Handbook Business Combinations, 105; *PwC (Hrsg.)* Global Guide to Business Combinations, 58; *Deloitte (Hrsg.)* iGAAP, 2012ff; *Ernst & Young (Hrsg.)* International GAAP, 674f..

Zeitwert der übertragenen Eigenkapitalanteile verwendet. Zu Besonderheiten bei Unternehmenszusammenschlüssen auf rein vertraglicher Basis, also ohne Entrichtung einer Kaufpreiszahlung, oder von Unternehmen auf Gegenseitigkeit vgl Rn 134f.

Ergibt sich aus der Berechnung ein negativer Unterschiedsbetrag, sind zunächst die vorgenommenen Berechnungsschritte einer nochmaligen Prüfung zu unterziehen. Erst dann wird der verbleibende negative Unterschiedsbetrag als sofort realisierter Gewinn aus dem Unternehmenszusammenschluss verbucht, vgl IFRS 3.34-36. Die Bildung eines passivischen Ausgleichsposten ist nicht möglich.[48]

Die Bewertung der erworbenen Vermögenswerte und Schulden sowie der Anteile nicht beherrschender Gesellschafter wurde in Rn 73ff dargestellt. Bereits vor dem Unternehmenszusammenschluss gehaltene Beteiligungen an dem übernommenen Geschäftsbetrieb werden in Rn 132ff behandelt. Im Folgenden soll daher nur auf die Ermittlung der Kaufpreiszahlung eingegangen werden.

Die im Rahmen der Bestimmung des Geschäfts- oder Firmenwertes anzusetzende **Kaufpreiszahlung** umfasst alle für den Erwerb des Geschäftsbetriebes geleisteten Barzahlungen, übertragenen Vermögenswerte, übernommenen Schulden und ausgegebenen Eigenkapitalinstrumente. Die Bewertung der Kaufpreiszahlung erfolgt gemäß IFRS 3.37 zum beizulegenden Zeitwert im Erwerbszeitpunkt. Eine Ausnahme hierzu besteht allerdings für anteilsbasierte Vergütungen, die nach den Vorschriften in IFRS 2 bewertet werden müssen.

Werden im Rahmen der Kaufpreiszahlung Vermögenswerte des Erwerbers auf die Veräußerer übertragen, ergibt sich hieraus für den Erwerber ein Bewertungsgewinn, soweit der Buchwert unter dem beizulegenden Zeitwert liegt, vgl IFRS 3.38. Eine Besonderheit ergibt sich jedoch, wenn solche Vermögenswerte nicht an den Veräußerer sondern an das erworbene Unternehmen übertragen werden. Da in diesem Fall der übertragene Vermögenswert weiterhin im Konsolidierungskreis des Erwerbers verbleibt, ist eine Gewinnrealisation nicht möglich.[49]

Zur Kaufpreiszahlung gehören auch bedingte Kaufpreiszahlungen (contingent consideration). IFRS 3 Appendix A definiert bedingte Kaufpreiszahlungen als Verpflichtung des Erwerbers zusätzliche Vermögenswerte oder Eigenkapitalinstrumente für die Erlangung der Beherrschung über den erworbenen Geschäftsbetrieb an den Veräußerer zu übertragen, wenn zuvor festgelegte Ereignisse eintreten oder Bedingungen erfüllt sind. Bedingte Kaufpreiszahlungen können alternativ auch die Rückzahlung bereits geleisteter Kaufpreiszahlungen vorsehen, wenn bestimmte Bedingungen erfüllt sind. Die Definition bedingter Zahlungen bringt es mit sich, dass diese Eigenkapital- oder Fremdkapitalcharakter haben können. Besteht ein Recht auf die Rückzahlung bereits geleisteter Kaufpreiszahlungen kann auch ein Vermögenswert anzusetzen sein.

Beispiel

Unternehmen A erwirbt alle Anteile an Unternehmen B. Der Kaufpreis teilt sich in eine sofort fällige Barzahlung von €5 Mio. und eine weitere in einem Jahr fällige Zahlung von €2 Mio., falls B bis zu diesem Zeitpunkt das budgetierte Umsatzziel von €6 Mio. erreicht.

Die Vereinbarung über die zusätzliche Zahlung von €2 Mio. erfüllt die Definition einer bedingten Zahlung, die zum beizulegenden Zeitwert zu bewerten ist. Der beizulegenden Zeitwert der bedingten Kaufpreiszahlungen geht in die Ermittlung des Geschäfts- oder Firmenwertes ein.

Ebenso wie im Rahmen des Unternehmenszusammenschlusses nur die Vermögenswerte und Schulden angesetzt werden sollen, die auch tatsächlich Bestandteil der Transaktion sind, werden bei der Er-

---

48 Vgl *KPMG (Hrsg.)* Handbook Business Combinations, 106; *PwC (Hrsg.)* Global Guide to Business Combinations, 59; *Deloitte (Hrsg.)* iGAAP, 2016ff; *Ernst & Young (Hrsg.)* International GAAP, 695ff.
49 Vgl *Senger/Brune/Diersch/Eprana* Beck'sches IFRS Handbuch, 176ff; *Lüdenbach* Haufe-Kommentar, Rn 33ff; *KPMG (Hrsg.)* Handbook Business Combinations, 31ff; *PwC (Hrsg.)* Global Guide to Business Combinations, 60ff; *Deloitte (Hrsg.)* iGAAP, 1988ff; *Ernst & Young (Hrsg.)* International GAAP, 676ff.

mittlung der Kaufpreiszahlung nur die Zahlungen berücksichtigt, die für die Erlangung der Beherrschung des Geschäftsbetriebs geleistet werden. Hieraus ergeben sich die folgenden Besonderheiten:

124 **(1) Transaktionskosten**: Zu den Transaktionskosten gehören alle Aufwendungen, die der Erwerber eingeht, um die Beherrschung über einen Geschäftsbetrieb zu erlangen. Hierzu gehören die Kosten der wirtschaftlichen, steuerlichen, rechtlichen und bilanziellen Beratung, Kosten der Due Diligence, Gebühren der Investmentbanken sowie interne Kosten, die im Zusammenhang mit dem Unternehmenszusammenschluss angefallen sind. Soweit es sich bei den Transaktionskosten um Kosten der Kapitalbeschaffung handelt, sind diese nach den Vorschriften in IAS 32 und 39 bzw. IFRS 9 zu bilanzieren. Kosten der Ausgabe von Fremdkapital gehen danach in die Bewertung der Verbindlichkeit ein. Kosten der Ausgabe von Eigenkapital werden vom Emissionserlös abgezogen. Alle anderen Transaktionskosten werden als Aufwand erfasst, vgl IFRS 3.52.[50]

125 **(2) Bedingte Zahlungen an den Veräußerer oder Mitarbeiter des erworbenen Unternehmens**: Bei bedingten Zahlungen an den Veräußerer oder Mitarbeiter des erworbenen Unternehmens kann es sich entweder um bedingte Kaufpreiszahlungen im Rahmen des Unternehmenszusammenschlusses oder um Vergütungen für Dienstleistungen außerhalb des Unternehmenszusammenschlusses handeln. IFRS 3.B54 stellt daher klar, dass es zur Beurteilung der Art der Vereinbarung insbesondere hilfreich ist, die Gründe zu verstehen, warum ein Vertrag eine Bestimmung für bedingte Zahlungen enthält, wer den Vertrag eingeleitet hat und wann die Vertragsparteien den Vertrag abgeschlossen haben. IFRS 3.B54 und B55 stellen eine Reihe von Indikatoren zur Verfügung, die die sachgerechte Einordnung der bedingten Zahlungen ermöglichen sollen. Hierzu gehören:

(a) Bedingte Zahlungen, die von der weiteren Mitarbeit des Veräußerers im erworbenen Unternehmen abhängen;

Beispiel

Eine bedingte Zahlung, die unabhängig von der weiteren Mitarbeit des Veräußerers im erworbenen Unternehmen geleistet wird, macht es wahrscheinlich, dass es sich um eine bedingte Kaufpreiszahlung handelt. Umgekehrt ergibt sich aus bedingten Zahlungen, die an eine bestimmte Verweildauer des Veräußerers im erworbenen Unternehmen geknüpft sind, ein Hinweis darauf, dass es sich bei der bedingten Zahlung zumindest teilweise um eine Mitarbeitervergütung handelt.

(b) Vergütungen des Veräußerers oder von Mitarbeitern des erworbenen Unternehmens, die einem Drittvergleich nicht standhalten;

(c) Bedingte Zahlungen, die in unterschiedlicher Höhe an eine Gruppe von Veräußerern geleistet werden;

(d) Die Höhe der vom Veräußerer zurückbehaltenen Anteile an dem erworbenen Unternehmen;

Beispiel

Befand sich das erworbene Unternehmen vor dem Unternehmenszusammenschluss im alleinigen Besitz des Veräußerers und behält der Veräußerer auch nach dem Unternehmenszusammenschluss einen hohen Minderheitenanteil der Anteile an dem erworbenen Unternehmen zurück, kann sich hieraus ein Hinweis darauf ergeben, dass bedingte Zahlungen für die weitere Mitarbeit des Veräußerers im erworbenen Unternehmen bei wirtschaftlicher Betrachtung eine Gewinnbeteiligungsvereinbarung zwischen dem Erwerber und dem Veräußerer darstellen.

(e) Die Formel, nach der sich die bedingte Zahlung ermittelt;

Beispiel

---

50 Vgl *KPMG* (Hrsg.) Handbook Business Combinations, 62ff; *PwC* (Hrsg.) Global Guide to Business Combinations, 75; *Deloitte* (Hrsg.) iGAAP, 2007f; *Ernst & Young* (Hrsg.) International GAAP, 683.

Basiert die Formel auf dem gleichen Bewertungsverfahren, das auch zur Bestimmung des Unternehmenskaufpreises angewendet wurde, ergibt sich hieraus ein Hinweis auf das Vorliegen einer bedingten Kaufpreiszahlung. Eine bedingte Kaufpreiszahlung ist auch wahrscheinlich, wenn eine bedingte Zahlung vom Erreichen bestimmter Umsatz- oder Ertragsziele abhängt.

(f) Andere vertragliche Vereinbarungen und sonstige Sachverhalte, wie beispielsweise Wettbewerbsbeschränkungen, Miet- oder Beraterverträge.[51]

(3) Anteilsbasierte Vergütungen: Erwirbt der Erwerber ein Unternehmen, das seinen Mitarbeitern oder anderen Parteien Aktienoptionen oder ähnliche anteilsbasierte Vergütungen gewährt hat, hat der Erwerber drei Möglichkeiten:

(a) Der Erwerber lässt das bestehende Aktienoptionsprogramm unverändert weiterlaufen: Die 2008 veröffentlichte Fassung von IFRS 3 enthielt hierzu keine besonderen Anwendungshinweise. Diese Lücke wurde aber mittlerweile durch das 2010 abgeschlossene Annual Improvements Projekt geschlossen. IFRS 3.B62A und B62B stellen nunmehr eindeutig fest, dass ausstehende Aktienoptionen des erworbenen Unternehmens nach den Vorschriften in IFRS 2 bewertet werden müssen. Bewertungsstichtag ist der Erwerbszeitpunkt. Sind die Aktienoptionen am Erwerbsstichtag noch nicht unverfallbar (unvested share-based payments), ergibt sich die Notwendigkeit, den Wert der Aktienoptionen zwischen der Kaufpreiszahlung und zukünftigen Aufwendungen für Mitarbeitervergütungen aufzuteilen. Die Aufteilung erfolgt im Verhältnis des bereits erdienten Dienstzeitraums (vested period) zum größeren Wert aus dem gesamten zu erdienenden Dienstzeitraum (total vesting period) und dem ursprünglichen Dienstzeitraum (original vesting period).[52]

(b) Der Erwerber ersetzt das bestehende Aktienoptionsprogramm des erworbenen Unternehmens durch ein eigenes Aktienoptionsprogramm: IFRS 3.B56 unterscheidet zwischen zwangsweise und auf freiwilliger Basis ausgetauschten Aktienoptionsprogrammen. Eine Verpflichtung zum Austausch des Aktienoptionsprogramms kann sich insbesondere aus den vertraglichen Bedingungen des Aktienoptionsprogramms bzw. des Unternehmenskaufvertrags oder aufgrund gesetzlicher Regelung ergeben. Besteht eine Verpflichtung zum Austausch des Aktienoptionsprogramms, ist der Umtausch entsprechend den Vorschriften in IFRS 2 wie eine Modifikation des bestehenden Aktienoptionsprogramms zu bilanzieren.

IFRS 3.B57-B62 enthalten detaillierte Vorschriften zur Aufteilung des Aktienoptionsprogramms auf den Unternehmenskaufpreis und zukünftige Aufwendungen für Mitarbeitervergütungen. Hiernach sind zunächst die nach den Vorschriften in IFRS 2 ermittelten Werte des alten und des neuen Aktienoptionsprogramms im Erwerbszeitpunkt festzustellen. Übersteigt der Wert des neuen Aktienoptionsprogramms den Wert des alten handelt es sich hierbei in jedem Fall um zukünftige Aufwendungen für Mitarbeitervergütungen. Der Wert des alten Aktienoptionsprogramms ist im Verhältnis des bereits erdienten Dienstzeitraums (vested period) zum größeren Wert aus dem gesamten zu erdienenden Dienstzeitraum (total vesting period) und dem ursprünglichen Dienstzeitraum (original vesting period) Bestandteil des Kaufpreises für den Unternehmenszusammenschluss. Die verbleibende Wertdifferenz stellt wiederum künftigen Personalaufwand dar.

Beispiel

Unternehmen A erwirbt die Mehrheit der Stimmrechte an Unternehmen B. B hat seinen Mitarbeitern Aktienoptionen gewährt, die nach zweijähriger Mitarbeit bei B unverfallbar werden. A erwirbt B ein Jahr nach Gewährung der Aktienoptionen. A entscheidet sich die Aktienoptionen von B durch

---

51 Vgl *KPMG (Hrsg.)* Handbook Business Combinations, 42ff; *PwC (Hrsg.)* Global Guide to Business Combinations, 72 und 99; *Deloitte (Hrsg.)* iGAAP, 1955ff; *Ernst & Young (Hrsg.)* International GAAP, 702ff.
52 Zum Annual Improvements Projekt vgl http://www.ifrs.org/Current+Projects/IASB+Projects/Annual+Improvements/Annual+Improvements+Process.htm (15 August 2010).

eigene zu ersetzen. Der Wert der Aktienoptionen von B im Erwerbszeitpunkt ist €100. Der Wert der neu ausgegebenen Aktienoptionen von A ist €150. Die Ausgabebedingungen sehen vor, dass die begünstigten Mitarbeiter ab dem Erwerbszeitpunkt zwei Jahre im Unternehmen verbleiben müssen bevor die Aktienoptionen unverfallbar werden.

Der folgende Wert geht in den Kaufpreis für den Unternehmenszusammenschluss ein: €33 = €100 (Wert der Aktienoptionen von B) x 1 Jahr (bereits erdienter Dienstzeitraum) / 3 Jahre (gesamter Dienstzeitraum)

Der folgende Wert stellt zukünftigen Personalaufwand dar: €117 (€150 Wert Aktienoptionen von A – €33 Kaufpreiszahlung)

IFRS 3 enthält in der 2008 veröffentlichten Fassung nur Vorschriften zum freiwilligen Umtausch von Aktienoptionsprogrammen, soweit die Aktienoptionen des erworbenen Unternehmens aufgrund des Unternehmenszusammenschlusses verfallen. IFRS 3.56 stellt klar, dass für diesen Fall der gesamte Wert des vom Erwerber neu ausgegebenen Aktienoptionsprogramms zukünftigen Personalaufwand darstellt. Das in 2010 abgeschlossene Annual Improvements Projekt des IASB ergänzt die Vorschrift um Anwendungshinweise für die Bilanzierung anderer auf freiwilliger Basis ausgetauschter Aktienoptionsprogramme. Die Neufassung von IFRS 3.B56 besagt, dass der freiwillige Austausch von Aktienoptionsprogrammen, die nicht aufgrund des Unternehmenszusammenschlusses verfallen, genauso wie der oben beschriebene zwangsweise Austausch eines Aktienoptionsprogramms behandelt wird.[53]

(c) Der Erwerber beendet das Aktienoptionsprogramm des erworbenen Unternehmens: Es handelt sich um einen Spezialfall der unter (b) dargestellten Vorschriften zum Austausch von Aktienoptionsprogrammen, die entsprechend anzuwenden sind.[54]

127 Die Änderungen durch das Annual Improvements Projekt waren erstmals für am oder nach dem 1. Juli 2010 beginnende Berichtsperioden prospektiv anzuwenden.

128 **6. Bilanzierung von Unternehmenszusammenschlüssen in Sonderfällen.** Im Folgenden soll kurz auf die Sonderfälle eines sukzessiven Unternehmenszusammenschlusses und eines Unternehmenszusammenschlusses ohne Entrichtung einer Kaufpreiszahlung eingegangen werden.

129 **(1) Sukzessive Unternehmenszusammenschlüsse:** Besaß der Erwerber bereits vor dem Unternehmenszusammenschluss Anteile an dem erworbenen Geschäftsbetrieb, gehen diese nach IFRS 3.42 in die Bestimmung des Geschäfts- oder Firmenwertes mit dem beizulegenden Zeitwert ein. Wurden die Anteile im Abschluss des Erwerbers bisher nicht mit dem beizulegenden Zeitwert bewertet, ergibt sich hieraus ein Bewertungsgewinn oder –verlust. Im Zusammenhang mit den Anteilen zuvor erfolgsneutral verbuchte sonstige Eigenkapitalveränderungen müssen zum Erwerbszeitpunkt erfolgswirksam erfasst werden.[55]

Beispiel

Unternehmen A erwirbt im Jahr 01 40% der Anteile am Unternehmen B. Der Kaufpreis der Anteile beläuft sich auf €4 Mio. Die Anteile geben A keinen wesentlichen Einfluss über B, sondern werden nach den Vorschriften in IAS 39 als zur Veräußerung verfügbare finanzielle Vermögenswerte eingeordnet. Der beizulegende Zeitwert der Anteile steigt im Jahr 02 auf €5 Mio. an. Die Wertsteigerung wird erfolgsneutral als sonstige Eigenkapitalveränderung erfasst. Zum Ende des Jahres 2 erwirbt A

---

53 Zum Annual Improvements Projekt vgl http://www.ifrs.org/Current+Projects/IASB+Projects/Annual+Improvements/Annual+Improvements+Process.htm (15 August 2010).
54 Vgl *KPMG (Hrsg.)* Handbook Business Combinations, 48ff; *PwC (Hrsg.)* Global Guide to Business Combinations, 105ff; *Deloitte (Hrsg.)* iGAAP, 1998ff; *Ernst & Young (Hrsg.)* International GAAP, 682.
55 Vgl *Senger/Brune/Diersch/Eprana* Beck'sches IFRS Handbuch, 253ff; *KPMG (Hrsg.)* Handbook Business Combinations, 143ff; *PwC (Hrsg.)* Global Guide to Business Combinations, 214ff; *Deloitte (Hrsg.)* iGAAP, 2024ff; *Ernst & Young (Hrsg.)* International GAAP, 689ff.

für € 2,5 Mio. weitere 20% der Anteile an B und erhält somit die Beherrschung. Der Erwerb erfüllt die Definition eines Unternehmenszusammenschlusses. Der beizulegende Wert der identifizierbaren Vermögenswerte und Schulden von B beläuft sich im Erwerbszeitpunkt auf € 10 Mio. A bewertet die Anteile nicht beherrschender Gesellschaft an B mit dem beizulegenden Zeitwert von € 5 Mio.

Der Geschäfts- oder Firmenwert berechnet sich wie folgt:

	€
Kaufpreiszahlung:	2,5 Mio.
Anteile nicht beherrschender Gesellschafter	5,0 Mio.
Vor dem Unternehmenszusammenschluss gehaltene Anteile	5,0 Mio.
Zwischensumme	12,5 Mio.
Abzgl. Vermögenswerte und Schulden	- 10,0 Mio.
Geschäfts- oder Firmenwert	2,5 Mio.

A aktiviert einen Geschäfts- oder Firmenwert in Höhe von € 2,5 Mio. und realisiert einen Bewertungsgewinn für die vor dem Unternehmenszusammenschluss gehaltenen Anteile in Höhe von € 1 Mio.

(2) **Unternehmenszusammenschluss ohne Entrichtung einer Kaufpreiszahlung**: UU kann ein Unternehmenszusammenschluss vorliegen, obwohl der Erwerber keine Kaufpreiszahlung für das erworbene Unternehmen entrichtet. Dies ist beispielsweise der Fall, wenn das erworbene Unternehmen zuvor so viele eigene Anteile zurückerworben hat, dass der Erwerber die Beherrschung über das Unternehmen erhält oder wenn Veto-Rechte anderer Gesellschafter auslaufen, die bis dahin eine Beherrschung des erworbenen Unternehmens durch den Erwerber verhindert haben. Denkbar ist auch, dass die Beherrschung über das erworbene Unternehmen durch Abschluss eines Unternehmensvertrages auf den Erwerber übergeht. Im letzteren Fall, kann es vorkommen, dass der Erwerber auch nach dem Unternehmenszusammenschluss keine Anteile an dem erworbenen Unternehmen hält. IFRS 3.44 bestätigt für diesen Fall die Schlussfolgerung, dass das gesamte Eigenkapital des erworbenen Unternehmens als Anteile nicht beherrschender Gesellschafter ausgewiesen werden muss.

Die Vorschriften zur Ermittlung des Geschäfts- oder Firmenwertes können auf einen Unternehmenszusammenschluss ohne Entrichtung einer Kaufpreiszahlung nicht unangepasst angewendet werden. IFRS 3.B46 stellt daher klar, dass an Stelle der Kaufpreiszahlung der anteilige beizulegende Zeitwert des Anteils des Erwerbers an dem erworbenen Unternehmen in die Formel zur Ermittlung des Geschäfts- oder Firmenwertes eingesetzt werden muss.

Zu Besonderheiten bei der Anwendung der Erwerbsmethode auf Unternehmen auf Gegenseitigkeit, wie etwa Genossenschaften, vgl IFRS 3.B47-B49.[56]

7. Bewertungszeitraum. Die Identifizierung und Bewertung der erworbenen Vermögenswerte und Schulden ist zeitintensiv und kann leicht mehrere Monate dauern. Ist dieser Prozess bis zur Aufstellung des nächsten IFRS-Abschlusses noch nicht abgeschlossen, erlaubt IFRS 3.45 den Ansatz **provisorischer Werte** im Abschluss. Die provisorischen Werte sind später anzupassen, wenn sich neue Erkenntnisse ergeben, die einen abweichenden Ansatz oder Bewertung der erworbenen Vermögenswerte und Schulden, der Kaufpreiszahlung oder zuvor gehaltener Anteile am erworbenen Geschäftsbetrieb bedingen. Die erforderliche Anpassungsbuchung wirkt sich normalerweise auf die Höhe des ausgewiesenen Geschäfts-

---

[56] Vgl *KPMG (Hrsg.)* Handbook Business Combinations, 146ff und 162ff; *PwC (Hrsg.)* Global Guide to Business Combinations, 70; *Deloitte (Hrsg.)* iGAAP, 2014f; *Ernst & Young (Hrsg.)* International GAAP, 683ff.

oder Firmenwertes aus. In Abhängigkeit von den Umständen des Einzelfalls sind aber auch Korrekturbuchungen bei anderen erworbenen Vermögenswerten und Schulden denkbar. Die Anpassung erfolgt retrospektiv, dh unter Berichtigung der ausgewiesenen Vorjahresvergleichszahlen. Anpassungen der provisorischen Werte können in einem Zeitraum von maximal einem Jahr nach dem Erwerbszeitpunkt vorgenommen werden. Der Anpassungszeitraum endet aber schon früher, wenn der Erwerber die noch ausstehenden Informationen erhält oder es klar wird, dass die fehlenden Informationen nicht beschafft werden können. Nach Ablauf der Anpassungsperiode können weitere Korrekturen nur nach den allgemeinen Vorschriften in IAS 8 vorgenommen werden.[57]

Beispiel

Unternehmen A erwirbt zum 1. November 01 alle Anteile an Unternehmen B. Zu den Vermögenswerten von B gehört unter anderem ein Grundstück. A beauftragt einen externen Gutachter mit der Bewertung des Grundstückes. Der Gutachter kann zum Jahresende nur eine vorläufige Wertindikation in Höhe von €1 Mio. geben. Das endgültige Wertgutachten wird nicht vor April 02 fertig gestellt. Das Gutachten gibt den Grundstückswert mit €1,2 Mio. an.

A bewertet das Grundstück im Abschluss 01 mit dem vorläufigen Wert von €1 Mio. Der vorläufige Wert wird im Abschluss 02 korrigiert und das Grundstück mit €1,2 Mio. bewertet. Der bilanzierte Geschäfts- oder Firmenwert mindert sich um €0,2 Mio. A nimmt eine entsprechende Anpassung der Vorjahresvergleichszahlen im Abschluss 02 vor.

134 Die Anpassung der provisorischen Werte ist auf neue Erkenntnisse über Tatsachen, die bereits im Erwerbszeitpunkt vorlagen begrenzt. Ereignisse, die den Ansatz oder Wert der erworbenen Vermögenswerte und Schulden beeinflussen, aber erst nach dem Erwerbszeitpunkt stattgefunden haben, führen nicht zu einer Anpassung der provisorisch bilanzierten Vermögenswerte oder Schulden.

135 **8. Bestimmung des Umfangs des Unternehmenszusammenschlusses.** IFRS 3.51 verdeutlicht, dass die Bilanzierung des Unternehmenszusammenschlusses von anderen Geschäften zwischen dem Erwerber und dem erworbenen Unternehmen bzw. dem Veräußerer abgegrenzt werden muss. In die Bilanzierung des Unternehmenszusammenschlusses sollen nur die für das erworbene Unternehmen entrichtete Kaufpreiszahlung und die im Gegenzug erworbenen Vermögenswerte, Schulden und Anteile nicht beherrschender Gesellschafter eingehen. Alle anderen Geschäftsbeziehungen zwischen den an dem Unternehmenszusammenschluss beteiligten Parteien müssen nach den Vorschriften in anderen IFRS abgebildet werden.

136 Die Abgrenzung des Unternehmenszusammenschlusses von anderen Geschäftsvorfällen kann im Einzelfall schwierig sein. IFRS 3.B50 enthält daher weitere Anwendungshinweise, wie eine solche Abgrenzung vorgenommen werden soll. Danach sind insbesondere die folgenden Gesichtspunkte zu beachten:

a) Was die Gründe für die Transaktion sind: Profitieren von einem bestimmte Geschäft beispielsweise in erster Linie nur der Erwerber oder das zusammengeschlossene Unternehmen, nicht aber der Veräußerer, ist es unwahrscheinlich, das das Geschäft Bestandteil des Unternehmenszusammenschlusses ist.

b) Wer die Transaktion eingeleitet hat: Wurde beispielsweise ein bestimmtes Geschäft vom Erwerber eingeleitet, ist es möglicherweise mit dem Ziel eingegangen worden, in erster Linie dem Erwerber oder dem zusammengeschlossenen Unternehmen zu nutzen. Es ist in diesem Fall wiederum unwahrscheinlich, dass das Geschäft Bestandteil des Unternehmenszusammenschlusses ist.

---

57 Vgl *KPMG (Hrsg.)* Handbook Business Combinations, 109ff; *Deloitte (Hrsg.)* iGAAP, 2019ff; *Ernst & Young (Hrsg.)* International GAAP, 705ff.

c) **Wann die Transaktion vorgenommen wurde**: Eine Geschäft, das zeitnah zum Unternehmenszusammenschluss abgeschlossen wurde, ist möglicherweise mit der Absicht abgeschlossen worden, primär dem Erwerber oder dem zusammengeschlossenen Unternehmen zu nutzen, so dass es unwahrscheinlich ist, dass das Geschäft Bestandteil des Unternehmenszusammenschlusses ist.

IFRS 3.52 und 53 diskutieren die hier beschriebenen Grundsätze für vier Sonderfälle:

a) **Transaktionen, die vorher bestehende Geschäftsbeziehungen abwickeln**, sind nicht Bestandteil des Unternehmenszusammenschlusses, sondern führen unter Umständen zur Erfassung eines Abwicklungsgewinns oder –verlusts. Vgl Rn 86ff.

b) **Vereinbarungen über Mitarbeitervergütungen** müssen darauf untersucht werden, ob sie im Zusammenhang mit bestehenden Verpflichtungen gegenüber Mitarbeitern des erworbenen Unternehmens (einschließlich den Veräußerern) stehen oder ob sie Vergütungen für zukünftige Leistungen der Mitarbeiter darstellen. Vgl Rn 130ff.

c) **Transaktionskosten** sind nicht Bestandteil des Unternehmenszusammenschlusses, sondern stellen eine Vergütung für im Zusammenhang mit dem Unternehmenszusammenschluss erbrachte Dienstleistungen dar. Transaktionskosten sind daher, mit Ausnahme von Emissionskosten, im Aufwand zu erfassen. Vgl Rn 128.

d) **Geschäfte, durch die dem erworbenen Unternehmen oder den Veräußerern die mit dem Unternehmenszusammenschluss verbundenen Kosten des Erwerbers erstattet werden.** Die Vorschrift dient in erster Linie zur Vermeidung von Umgehungsstrukturen. Transaktionskosten des Erwerbers sollen wie zuvor beschrieben normalerweise im Aufwand erfasst werden. Die Vorschrift soll nicht dadurch umgangen werden können, dass der Veräußerer die Transaktionskosten des Erwerbers übernimmt und im Gegenzug ein höherer Kaufpreis vereinbart wird.[58]

VI. Folgebilanzierung. Die Vorschriften in IFRS 3 beziehen sich grundsätzlich auf die erstmalige Erfassung und Bewertung der in einem Unternehmenszusammenschluss erworbenen Vermögenswerte, und Schulden. Der Standard enthält abgesehen von wenigen Ausnahmen keine Vorschriften zur Folgebilanzierung. Die Folgebilanzierung der in einem Unternehmenszusammenschluss erworbenen Vermögenswerte und Schulden richtet sich daher normalerweise nach anderen IFRS.

Hat der Erwerber im Rahmen des Unternehmenszusammenschlusses beispielsweise Produktionsmaschinen erworben, werden diese gemäß IFRS 3.18 im Erwerbszeitpunkt mit ihrem beizulegenden Zeitwert angesetzt. Auf alle nachfolgenden Berichtsperioden müssen die Vorschriften zur Bilanzierung von **Sachanlagen** in IAS 16 *Property, Plant and Equipment* angewendet werden. Sachanlagen werden gemäß IAS 16.29 entweder nach dem Anschaffungskostenmodell oder nach dem Neubewertungsmodell bewertet. Entscheidet sich der Erwerber für eine Bilanzierung nach dem Anschaffungskostenmodell, werden die Sachanlagen zu um plan- und außerplanmäßige Abschreibungen verminderten Anschaffungs- oder Herstellungskosten bilanziert. Als Anschaffungskosten der Produktionsmaschinen gelten die ihnen im Rahmen der Aufteilung des Unternehmenskaufpreises zugewiesenen beizulegenden Zeitwerte. Abschreibungsmethode und -zeitraum müssen im Erwerbszeitpunkt bestimmt werden. Die unreflektierte Übernahme der vom erworbenen Unternehmen angewendeten Abschreibungsmethoden und -zeiträume ist nicht zulässig. Nach dem Neubewertungsmodell werden die Sachanlagen in Folgeperioden zum beizulegenden Zeitwert bilanziert.

IFRS 3.B63 zählt die folgenden weiteren Beispiele für Standards auf, die Regeln zur Folgebewertung im Rahmen eines Unternehmenszusammenschlusses erworbener Vermögenswerte und Schulden enthalten können:

---

58 Vgl *KPMG (Hrsg.)* Handbook Business Combinations, 31ff; *PwC (Hrsg.)* Global Guide to Business Combinations, 70ff; *Deloitte (Hrsg.)* iGAAP, 1993ff; *Ernst & Young (Hrsg.)* International GAAP, 698ff.

(a) IFRS 2 für Aktienoptionen
(b) IFRS 4 für Versicherungsverträge
(c) IAS 12 für latente Steuern
(d) IAS 27 bzw. IFRS 10 für spätere Änderungen der Eigentumsverhältnisse an einem erworbenen Unternehmen bzw. den Verlust der Beherrschung über das Unternehmen.
(e) IAS 38 zur Folgebewertung des Geschäfts- oder Firmenwertes

IFRS 3 enthält allerdings **Sonderregeln** zur Folgebilanzierung solcher Vermögenswerte, Schulden oder Eventualverbindlichkeiten, bei denen ein Rückgriff auf die Vorschriften zur Folgebilanzierung in anderen IFRS nicht ohne weiteres möglich ist.

141 **(1) Zurückerworbene Rechte:** Zurückerworbene Rechte sind im Rahmen des Unternehmenszusammenschlusses gemäß IFRS 3.29 nach den Vorschriften zur Ermittlung des beizulegenden Zeitwertes aber ohne Berücksichtigung möglicher Vertragsverlängerungen zu bilanzieren, vgl Rn 85ff. IFRS 3.55 schreibt nunmehr für die Folgebewertung eines zurückerworbenen Rechts vor, dass es über die restliche vertragliche Dauer der Vereinbarung, also wiederum ohne Berücksichtigung von Vertragsverlängerungsoptionen, abgeschrieben werden muss. Veräußert der Erwerber das zurückerworbene Recht in Folgeperioden an Dritte, muss der Buchwert des zurückerworbenen Rechtes in die Ermittlung eines Veräußerungsgewinns bzw. -verlustes einbezogen werden. Das Geschäft darf also nicht einfach als die Ausgabe eines neuen Rechts ohne Berücksichtigung der vorherigen Transaktionen abgebildet werden.[59]

142 **(2) Eventualverbindlichkeiten:** Wie in Rn 98ff erläutert, umfassen Eventualverbindlichkeiten Verbindlichkeiten, deren Bestehen unsicher ist, und Verbindlichkeiten, für die ein Ressourcenabfluss entweder unwahrscheinlich ist oder für die die Höhe des Ressourcenabflusses nicht verlässlich geschätzt werden kann. IAS 37.27 verbietet den Ansatz von Eventualverbindlichkeiten. IFRS 3.23 sieht hierzu jedoch eine Ausnahme für im Rahmen eines Unternehmenszusammenschlusses erworbene Eventualverbindlichkeiten vor und verlangt deren Ansatz, wenn es sich um eine gegenwärtige Verpflichtung handelt, die aus früheren Ereignissen entstanden ist und deren beizulegender Zeitwert verlässlich bestimmt werden kann.

143 Die besonderen Ansatzvorschriften für in einem Unternehmenszusammenschluss erworbene Eventualverbindlichkeiten machen weitere Vorschriften zur Folgebilanzierung erforderlich. Ansonsten müssten in einem Unternehmenszusammenschluss erstmalig angesetzte Eventualverbindlichkeiten in Folgeperioden wieder ausgebucht werden, weil die Ansatzkriterien in IAS 37 nicht erfüllt sind. IFRS 3.56 schreibt daher vor, dass im Rahmen eines Unternehmenszusammenschlusses angesetzte Eventualverbindlichkeiten in Folgeperioden mit dem höheren der folgenden beiden Beträge angesetzt werden müssen:

(a) **dem nach IAS 37 anzusetzenden Betrag**. Aufgrund des Ansatzverbotes für Eventualverbindlichkeiten in IAS 37.27 ist dieser Wert normalerweise Null. Die Gründe für das Ansatzverbot der Eventualverbindlichkeit können in Folgeperioden aber wegfallen, wenn beispielsweise später die Unsicherheit über das Bestehen einer Verpflichtung wegfällt oder der Eintritt der Verpflichtung als wahrscheinlich eingeschätzt wird bzw. die Höhe der Verpflichtung verlässlich geschätzt werden kann. Muss die Verpflichtung in Folgeperioden nach den Vorschriften in IAS 37 als Schuld bilanziert werden, ist diese mit der bestmöglichen Schätzung der zur Erfüllung der gegenwärtigen Verpflichtung zum Abschlussstichtag erforderlichen Ausgaben zu bewerten.

---

59 Vgl *KPMG (Hrsg.)* Handbook Business Combinations, 119; *Deloitte (Hrsg.)* iGAAP, 1985; *Ernst & Young (Hrsg.)* International GAAP, 672f.

VI. Folgebilanzierung

(b) dem im Rahmen des Unternehmenszusammenschlusses angesetzten Betrag. Dies ist der beizulegende Zeitwert der Eventualverbindlichkeit im Erwerbszeitpunkt. Der Betrag ist gegebenenfalls um eine nach IAS 18 zu erfassende kumulative Abschreibung zu kürzen.[60]

Beispiel

Ein Kunde verklagt Unternehmen A für Schäden, die ein fehlerhaftes Produkt von A verursacht hat. A bestreitet jede Schuld, da sich der Kunde bei der Verwendung des Produktes nicht an die Gebrauchsanweisung gehalten hat. Die Rechtsanwälte von A halten eine Verurteilung von A in einem gerichtlichen Verfahren für unwahrscheinlich. A macht in seinem Abschluss umfassende Anhangangaben zu der Eventualverbindlichkeit, aber erfasst keine Rückstellung in der Bilanz.

Unternehmen B erwirbt im nächsten Jahr alle Anteile an Unternehmen A. Der beizulegende Zeitwert der Eventualverbindlichkeit wird zum Erwerbszeitpunkt mit €100 bewertet und eine Rückstellung in dieser Höhe in der Bilanz von B angesetzt.

Ein halbes Jahr nach dem Unternehmenszusammenschluss gelingt es dem Kläger erhebliche Konstruktionsmängel an dem Produkt nachzuweisen. B's Rechtsanwälte erachten einen Schuldspruch nunmehr für wahrscheinlich. Die Rechtsanwälte schätzen die Höhe der Schadensersatzzahlung auf a) €50 bzw. b) €150.

Variante a) Die Rückstellung in B's Abschluss wird weiterhin mit €100 bewertet.

Variante b) B erfasst einen Aufwand in Höhe von € 50 und weist eine Rückstellung von €150 aus.

(3) Vermögenswerte für Entschädigungsleistungen: Garantiert der Veräußerer dem Erwerber das Bestehen oder die Höhe spezifischer im Rahmen des Unternehmenszusammenschlusses erworbener Vermögenswerte oder Schulden, erfasst der Erwerber hierfür gemäß IFRS 3.27 einen Vermögenswert für Entschädigungsleistungen. Die erstmalige Bewertung des Vermögenswertes richtet sich nach den Bewertungsvorschriften des Vermögenswertes oder der Schuld, auf die sich die Entschädigungsleistung bezieht.

IFRS 3.57 behält den Bewertungsgrundsatz für Vermögenswerte für Entschädigungsleistungen auch für die Folgebewertung bei und stellt klar, dass sich die Bewertung des Vermögenswertes in Folgeperioden, vorbehaltlich vertraglich vereinbarter Höchst- oder Mindestbeträge, nach der Bewertung des der Entschädigungsleistung zugrunde liegenden Vermögenswertes oder Schuld richtet. Erfolgt die Bewertung des Vermögenswertes für Entschädigungsleistungen nicht zum beizulegenden Zeitwert, sind bei der Bewertung auch Annahmen über die Einbringbarkeit des Vermögenswertes zu berücksichtigen. Der Erwerber darf den Vermögenswert für Entschädigungsleistungen nur dann ausbuchen, wenn er den Vermögenswert vereinnahmt, veräußert oder anderweitig den Anspruch darauf verliert.[61]

(4) Bedingte Kaufpreiszahlungen: IFRS 3 Appendix A definiert bedingte Kaufpreiszahlungen als Verpflichtung des Erwerbers, zusätzliche Vermögenswerte oder Eigenkapitalanteile den ehemaligen Eigentümern eines erworbenen Unternehmens als Teil des Austauschs für die Beherrschung des erworbenen Unternehmens zu übertragen, wenn bestimmte künftige Ereignisse auftreten oder Bedingungen erfüllt werden. Eine bedingte Gegenleistung kann dem Erwerber jedoch auch das Recht auf Rückgabe der zuvor übertragenen Gegenleistung einräumen, falls bestimmte Bedingungen erfüllt werden. Bedingte Kaufpreiszahlungen werden im Erwerbszeitpunkt mit dem beizulegenden Zeitwert bewertet.

Verpflichtungen zur Zahlung bedingter Kaufpreiszahlungen werden im Erwerbszeitpunkt gemäß IFRS 3.40 nach den allgemeinen Grundsätzen entweder als Eigenkapital oder Fremdkapital eingestuft.

---

60 Vgl *KPMG (Hrsg.)* Handbook Business Combinations, 119f; *Deloitte (Hrsg.)* iGAAP, 1980f; *Ernst & Young (Hrsg.)* International GAAP, 668f.
61 Vgl *KPMG (Hrsg.)* Handbook Business Combinations, 121ff; *Deloitte (Hrsg.)* iGAAP, 1988.; *Ernst & Young (Hrsg.)* International GAAP, 672.

Rechte auf bedingte Kaufpreiszahlungen stellen Vermögenswerte dar. Die Folgebilanzierung bedingter Kaufpreiszahlungen hängt dann von der Einstufung als Vermögenswert, Fremdkapital oder Eigenkapital ab. IFRS 3.58 stellt in diesem Zusammenhang klar, dass sich spätere Änderungen des beizulegenden Zeitwertes der bedingten Kaufpreiszahlungen zunächst aus neuen Informationen über bereits im Erwerbszeitpunkt vorliegende Tatsachen oder Umstände ergeben können. Solche Wertänderungen sollen nach den Vorschriften über den Bewertungszeitraum in IFRS 3.45-49 erfasst werden, dh dass während des Bewertungszeitraums festgestellte Wertänderungen aufgrund neuer Erkenntnisse über bereits im Erwerbszeitpunkt vorliegende Tatsachen oder Umstände erfolgsneutral durch Anpassung der für den Unternehmenszusammenschluss erfassten Vermögenswerte und Schulden, insbesondere des Geschäfts- oder Firmenwertes, erfasst werden können. Ergibt sich eine solche Wertänderung nach Ablauf des Wertberichtigungszeitraums, müssen die Vorschriften zur Fehlerkorrektur in IAS 8 angewendet werden, vgl Rn 137ff.

148 Ändert sich der beizulegende Wert einer bedingten Kaufpreiszahlungen aufgrund neuer Tatsachen oder Umstände, die im Erwerbszeitpunkt noch nicht vorgelegen haben, etwa bei Eintritt bestimmter Ertragsziele, kommt ein Rückgriff auf die Vorschriften über den Bewertungszeitraum nicht in Betracht. Vielmehr sind die besonderen Vorschriften zur Folgebilanzierung in IFRS 3.58 anzuwenden. Wertänderungen von als Eigenkapital eingestuften bedingten Kaufpreiszahlungen führen in Folgeperioden nicht zu Anpassungen des Bilanzansatzes. Die Vorschrift ergibt sich aus dem Prinzip, dass eine Folgebewertung des Eigenkapitals in den IFRS grundsätzlich nicht vorgesehen ist. Als finanzielle Vermögenswerte oder Verbindlichkeiten eingestufte bedingte Kaufpreiszahlungen sind nach den Vorschriften in IAS 39 bzw. IFRS 9 zu bilanzieren. IFRS 3.58 stellt dabei klar, dass die Folgebewertung zum beizulegenden Zeitwert erfolgen muss. Die Vorschrift erlaubt aber die Erfassung der Wertänderungen entweder im Gewinn oder Verlust oder im Sonstigen Ergebnis (other comprehensive income) des Erwerbers.

149 IFRS 3 enthält keine Vorschriften dazu, als welche Klasse von Finanzinstrument eine bedingte Kaufpreiszahlung einzustufen ist. Aus der Vorschrift, die bedingte Kaufpreiszahlung zum beizulegenden Zeitwert zu bewerten, ergibt sich aber implizit, dass eine bedingte Kaufpreiszahlung in der Form eines Vermögenswertes nach IAS 39 nur als erfolgswirksam zum beizulegenden Zeitwert bewertetes Finanzinstrument oder als zur Veräußerung verfügbaren Vermögenswert eingeordnet werden kann. Handelt es sich um eine finanzielle Verbindlichkeit, erscheint eine Einstufung als erfolgswirksam zum beizulegenden Zeitwert bewertetes Finanzinstrument zwingend.

150 Erfüllt die bedingte Kaufpreiszahlung ausnahmsweise nicht die Definition eines Finanzinstrumentes, richtet sich die Folgebewertung nach den Vorschriften in anderen einschlägigen IFRS. IFRS 3.58 gibt hier beispielhaft die Vorschriften zur Folgebewertung nicht-finanzieller Verbindlichkeiten in IAS 37 an.[62]

Der Standardentwurf zum 2010-2012 Zyklus des Annual Improvements Project enthält einige Detailänderungen zur Bilanzierung bedingter Kaufpreiszahlungen. Die vorgeschlagenen Änderungen sehen insbesondere vor, dass bedingte Kaufpreiszahlungen zwingend nach den Regeln in IFRS 9 erfolgswirksam zum beizulegenden Zeitwert bewertet werden müssen. Mit der Veröffentlichung der endgültigen Änderungen ist jedoch nicht vor Mitte 2013 zu rechnen.

151 **VII. Ausweis und Angaben.** IFRS 3.59-63 begründen Anhangangabepflichten für:

(a) in der laufenden Berichtsperiode abgeschlossene Unternehmenszusammenschlüsse

(b) Unternehmenszusammenschlüsse, die nach dem Ende der Berichtsperiode, jedoch vor der Genehmigung zur Veröffentlichung des Abschlusses erfolgten und

(c) in Vorperioden erfolgte Unternehmenszusammenschlüsse.

---

[62] Vgl *KPMG (Hrsg.)* Handbook Business Combinations, 125ff; *PwC (Hrsg.)* Global Guide to Business Combinations, 303ff; *Deloitte (Hrsg.)* iGAAP, 1991f; *Ernst & Young (Hrsg.)* International GAAP, 680ff.

VII. Ausweis und Angaben

Ziel der **Anhangangabepflichten für in der laufenden Berichtsperiode abgeschlossene Unternehmenszusammenschlüsse** ist es gemäß IFRS 3.59, Informationen offen zu legen, durch die die Abschlussadressaten die Art und finanziellen Auswirkungen von Unternehmenszusammenschlüssen beurteilen können. Zur Erfüllung dieses Zieles enthalten IFRS 3.B64-B66 eine Vielzahl detaillierter Anhangangabevorschriften:

(1) **allgemeine Angaben zum Unternehmenserwerb:** Der Erwerber muss den Namen und eine Beschreibung des erworbenen Unternehmens, den Erwerbszeitpunkt, den Prozentsatz der erworbenen Eigenkapitalanteile mit Stimmrecht sowie die Hauptgründe für den Unternehmenszusammenschluss und eine Beschreibung der Art und Weise, wie der Erwerber die Beherrschung über das erworbene Unternehmen erlangt hat, angeben, vgl IFRS 3.B64(a)-(d).

(2) **Angaben zu den erworbenen Vermögenswerten und Schulden:** Der Erwerber muss zunächst gemäß IFRS 3.64(i) für jede Hauptgruppe erworbener Vermögenswerte bzw. übernommener Schulden die im Erwerbszeitpunkt erfassten Beträge angeben. Für ausgewählte Vermögenswerte und Schulden bestehen allerdings weitergehende Anhangangabepflichten. So muss der Erwerber gemäß IFRS 3.64(h) für alle erworbenen **Forderungen** den beizulegenden Zeitwert, die Bruttobeträge der vertraglichen Forderungen und die zum Erwerbszeitpunkt bestmögliche Schätzung der vertraglichen Zahlungsströme, die voraussichtlich uneinbringlich sein werden, angeben. Diese Angaben müssen für unterschiedliche Forderungskategorien, wie Kredite, direkte Finanzierungs-Leasingverhältnisse und alle sonstigen Gruppen von Forderungen, gesondert gemacht werden.

Ferner verlangt IFRS 3.B64(j) für alle im Rahmen des Unternehmenszusammenschlusses angesetzten **Eventualverbindlichkeiten** die in IAS 37.85 vorgeschriebenen Angaben. Falls eine Eventualverbindlichkeit nicht angesetzt wurde, da ihr beizulegender Zeitwert nicht verlässlich bestimmt werden konnte, muss der Erwerber die in IAS 37.86 geforderten Angaben machen und die Gründe angeben, warum die Verbindlichkeit nicht verlässlich bewertet werden konnte. IAS 37.86 verpflichtet das berichtende Unternehmen, zu einer kurzen Beschreibung der Eventualverbindlichkeit und, falls praktikabel, zu den folgenden Angaben:

(a) eine Schätzung der finanziellen Auswirkungen, bewertet nach IAS 37.36-52,

(b) die Angabe von Unsicherheiten hinsichtlich des Betrags oder der Fälligkeiten von Abflüssen und

(c) die Möglichkeit einer Erstattung.

(3) **Angaben zum entrichteten Kaufpreis:** Gemäß IFRS 3.64(f) ist der Erwerber verpflichtet, den beizulegenden Zeitwerts des Gesamtkaufpreises im Erwerbszeitpunkt anzugeben. Der Gesamtkaufpreis muss dabei in die folgenden Komponenten aufgeteilt werden:

(a) Zahlungsmittel,

(b) sonstige materielle oder immaterielle Vermögenswerte, einschließlich eines Geschäftsbetriebs oder Tochterunternehmens des Erwerbers,

(c) eingegangene Schulden, zB eine Schuld für eine bedingte Gegenleistung und

(d) Eigenkapitalanteile des Erwerbers, einschließlich der Anzahl der ausgegebenen oder noch auszugebenden Instrumente oder Anteile sowie der Methode zur Ermittlung des beizulegenden Zeitwerts dieser Instrumente und Anteile.

Vereinbaren Veräußerer und Erwerber bedingte Kaufpreiszahlungen, muss für diese nach IFRS 3.64(g) der zum Erwerbszeitpunkt erfasste Betrag, eine Beschreibung der Vereinbarung und die Grundlage für die Ermittlung des Zahlungsbetrags; sowie eine Schätzung der Bandbreite der Ergebnisse (nicht abgezinst) oder, falls eine Bandbreite nicht geschätzt werden kann, die Tatsache und die Gründe, warum eine Bandbreite nicht geschätzt werden kann, angegeben werden. Wenn der Höchstbetrag der Zahlung unbegrenzt ist, hat der Erwerber diese Tatsache anzugeben.

158 **(4) Besondere Angaben zum Geschäfts- oder Firmenwert:** IFRS 3.64(e) verlangt eine qualitative Beschreibung der Faktoren, die den Geschäfts- oder Firmenwerts begründen, wie beispielsweise Synergieeffekte, nicht bilanzierte immaterielle Vermögenswerte oder sonstige Faktoren. Nach IFRS 3.64(k) muss der Erwerber ferner die Gesamtsumme des Geschäfts- oder Firmenwerts, der erwartungsgemäß für Steuerzwecke abzugsfähig ist, angeben.

159 **(5) Angaben zu Geschäften, die nicht Bestandteil des Unternehmenszusammenschlusses sind:** IFRS 3.B64(l) verlangt für Transaktionen, die gemäß IFRS 3.51 getrennt vom Unternehmenszusammenschluss bilanziert werden, eine Beschreibung des Geschäftsvorfalls, eine Erläuterung wie der Geschäftsvorfall bilanziert wurde sowie die für den Geschäftsvorfall ausgewiesenen Beträge und die Posten im Abschluss, in denen die Beträge erfasst sind, sowie, falls eine Transaktion die tatsächliche Erfüllung einer zuvor bestehenden Beziehung darstellt, die für die Ermittlung des Erfüllungsbetrags eingesetzte Methode. IFRS 3.B64(m) schreibt in diesem Zusammenhand den Ausweis der Transaktionskosten unter gesonderter Angabe des als Aufwand erfassten Betrags sowie des Postens der Gewinn- und Verlustrechnung vor, in den der Aufwand eingegangen ist. Wurden Kosten für die Ausgabe von Eigen- oder Fremdkapitalinstrumenten nicht als Aufwand erfasst, müssen der Betrag und dessen bilanzielle Abbildung angegeben werden.

160 **(6) Angaben zu den Auswirkungen des Unternehmenszusammenschlusses auf die Gesamtergebnisrechung:** IFRS 3.B64(q) verpflichtet den Erwerber:

(a) die Erlöse sowie die Gewinne oder Verluste des erworbenen Unternehmens seit dem Erwerbszeitpunkt, welche in der Gesamtergebnisrechnung für die betreffende Periode enthalten sind und

(b) die Erlöse sowie die Gewinne oder Verluste des zusammengeschlossenen Unternehmens für die aktuelle Periode anzugeben, als ob der Erwerbszeitpunkt für alle Unternehmenszusammenschlüsse, die während des Geschäftsjahres stattfanden, am Anfang der Periode des laufenden Geschäftsjahres gewesen wäre.

IFRS 3 äußert sich allerdings nicht zu der Fragestellung, wie die für die Anhangangabe erforderlichen Pro-Forma Werte ermittelt werden sollen. Es liegt insofern im Ermessen des Bilanzierenden, welche Anpassungen zur Ermittlung der Pro-Forma Werte in Übereinstimmung mit der allgemeinen Zielsetzung der Anhangangabepflichten vorgenommen werden sollen. Kann den Anhangangabepflichten auch nach erheblichen Bemühungen nicht nachgekommen werden (impracticable), muss der Erwerber dies angeben und erklären, warum die Angaben nicht bereitgestellt werden können.[63]

161 IFRS 3.B64 enthält ferner Anhangangabepflichten für die folgenden Sonderfälle von Unternehmenszusammenschlüssen:

162 **(1) Angaben zu Erwerben unter dem Marktwert:** IFRS 3.64(n) verlangt die Angabe des gemäß IFRS 3.34 erfassten Gewinns sowie des Postens der Gesamtergebnisrechnung, in dem der Gewinn erfasst wurde und eine Beschreibung der Gründe, weshalb die Transaktion zu einem Gewinn führte.

163 **(2) Angaben zu Unternehmenszusammenschlüssen, bei denen der Erwerber weniger als 100 Prozent der Eigenkapitalanteile an dem erworbenen Unternehmen erwirbt:** IFRS 3.64(o) verlangt die Angabe des zum Erwerbszeitpunkt angesetzten Betrages der Anteile nicht beherrschender Gesellschafter an dem erworbenen Unternehmen und die Bewertungsgrundlage für diesen Betrag. Ferner sollen für Anteile nicht beherrschender Gesellschafter an dem erworbenen Unternehmen, die zum beizulegenden

---

[63] Vgl *PwC (Hrsg.)* Global Guide to Business Combinations, 307ff; *Deloitte (Hrsg.)* iGAAP, 2044.

Zeitwert bestimmt wurden, die Bewertungstechniken und die Bewertungsparameter zur Ermittlung dieses Werts angegeben werden.

(3) Angaben zu sukzessiven Unternehmenszusammenschlüssen: Gemäß IFRS 3.B64(p) muss der Erwerber im Falle eines sukzessiven Unternehmenszusammenschlusses die folgenden Angaben machen:

(a) den zum Erwerbszeitpunkt geltenden beizulegenden Zeitwert des Eigenkapitalanteils an dem erworbenen Unternehmen, der unmittelbar vor dem Erwerbszeitpunkt vom Erwerber gehalten wurde,

(b) den Gewinn oder Verlust, der sich aufgrund der Neubewertung des Eigenkapitalanteils an dem erworbenen Unternehmen, das vor dem Unternehmenszusammenschluss vom Erwerber gehalten wurde, mit dem beizulegenden Zeitwert ergibt und

(c) den Posten der Gesamtergebnisrechnung, in dem dieser Gewinn oder Verlust erfasst wurde.

Die Anhangangabepflichten müssen nur für als wesentlich geltende Unternehmenszusammenschlüsse gemacht werden. IFRS 3.B65 schreibt aber vor, dass für Unternehmenszusammenschlüsse der Periode, die einzeln betrachtet unwesentlich, zusammen betrachtet jedoch wesentlich sind, zusammengefasste Angaben gemacht werden müssen.[64]

Die dargestellten Anhangangabepflichten bestehen gemäß IFRS 3.B66 grundsätzlich auch für **Unternehmenszusammenschlüsse, die zwar nach dem Ende der Berichtsperiode jedoch vor der Genehmigung zur Veröffentlichung des Abschlusses erfolgen**. Auf die Anhangangabepflichten kann allerdings verzichtet werden, soweit die bilanzielle Erfassung eines nach dem Ende der Berichtsperiode erfolgten Unternehmensabschlusses noch nicht abgeschlossen ist. In diesem Fall muss der Erwerber angeben, welche Anhangangabepflichten nicht erfüllt werden konnten und warum.[65]

Neben den vorstehend beschriebenen einmaligen Anhangangabepflichten im Zeitpunkt des Jahresabschlusses schreibt IFRS 3.61 auch in **Folgeperioden** Anhangangaben zu Unternehmenszusammenschlüssen vor. Ziel der Vorschrift ist es, den Abschlussadressaten die Beurteilung der finanziellen Auswirkungen der in der laufenden Berichtsperiode erfassten Effekte zu ermöglichen, die sich aus entweder in der laufenden Berichtsperiode oder in Vorperioden erfolgten Unternehmenszusammenschlüssen ergeben. Im Einzelnen schreibt IFRS 3.B67 die folgenden Anhangangaben vor:

(1) Bewertungszeitraum: Konnte zum Abschlussstichtag die erstmalige Bilanzierung eines Unternehmenszusammenschlusses nicht abgeschlossen werden und wurden deshalb vorläufige Vermögenswerte und Schulden angesetzt, muss der Erwerber gemäß IFRS 3.B67(a) die folgenden Angaben machen:

(a) die Gründe, weshalb die erstmalige Bilanzierung des Unternehmenszusammenschlusses unvollständig ist,

(b) die Vermögenswerte, Schulden, Eigenkapitalanteile oder andere zu berücksichtigende Tatbestände, für welche die erstmalige Bilanzierung unvollständig ist und

(c) die Art und der Betrag aller Anpassungen der provisorischen Werte, die in der Berichtsperiode erfasst wurden.

(2) Bedingte Kaufpreiszahlungen: Vereinbaren Veräußerer und Erwerber im Rahmen des Unternehmenszusammenschlusses bedingte Kaufpreiszahlungen, muss der Erwerber vom Erwerbszeitpunkt an für jede Berichtsperiode bis zur Erfüllung bzw. Auslaufen der bedingten Kaufpreiszahlung die folgenden Angaben machen:

(a) alle Änderungen der angesetzten Beträge, einschließlich der Differenzen, die sich aus der Erfüllung ergeben,

---

64 Vgl *Deloitte (Hrsg.)* iGAAP, 2036ff *PwC (Hrsg.)* IFRS Manual, Rn 25.330ff.
65 Vgl *Deloitte (Hrsg.)* iGAAP, 2044.

(b) alle Änderungen der Bandbreite der Ergebnisse (nicht abgezinst) sowie die Gründe für diese Änderungen und

(c) die Bewertungstechniken und Bewertungsparameter zur Bewertung der bedingten Gegenleistung.

170 **(3) Eventualverbindlichkeiten:** Der Erwerber muss gemäß IFRS 3.B67(c) für jede Gruppe anlässlich eines Unternehmenszusammenschlusses bilanzierter Eventualverbindlichkeiten die in IAS 37.84 und 85 vorgeschriebenen Angaben machen. Dies sind:

(a) der Buchwert zu Beginn und zum Ende der Berichtsperiode.

(b) zusätzliche, in der Berichtsperiode gebildete Rückstellungen, einschließlich der Erhöhung von bestehenden Rückstellungen.

(c) während der Berichtsperiode verwendete (dh entstandene und gegen die Rückstellung verrechnete) Beträge.

(d) nicht verwendete Beträge, die während der Berichtsperiode aufgelöst wurden.

(e) die Erhöhung des während der Berichtsperiode aufgrund des Zeitablaufs abgezinsten Betrags und die Auswirkung von Änderungen des Abzinsungssatzes.

(f) eine kurze Beschreibung der Art der Verpflichtung sowie der erwarteten Fälligkeiten resultierender Abflüsse von wirtschaftlichem Nutzen.

(g) die Angabe von Unsicherheiten hinsichtlich des Betrags oder der Fälligkeiten dieser Abflüsse. Falls erforderlich muss der Erwerber hierbei auf die wesentlichen Annahmen im Hinblick auf die Beurteilung künftiger Ereignisse eingehen.

(h) die Höhe aller erwarteten Erstattungen unter Angabe der Höhe der Vermögenswerte, die für die jeweilige erwartete Erstattung angesetzt wurden.

171 **(4) Geschäfts- oder Firmenwert:** Der Erwerber muss eine Überleitungsrechnung des Geschäfts- oder Firmenwertes zu Beginn und Ende der Berichtsperiode unter Angabe der folgenden Posten angeben:

(a) des Bruttobetrags und der kumulierten Wertminderungsaufwendungen zu Beginn der Periode.

(b) des zusätzlichen Geschäfts- oder Firmenwerts, der während der Periode angesetzt wird, mit Ausnahme des Geschäfts- oder Firmenwerts, der in einer Veräußerungsgruppe enthalten ist, die beim Erwerb die Kriterien zur Einstufung „als zur Veräußerung gehalten" gemäß IFRS 5 erfüllt.

(c) der Berichtigungen aufgrund nachträglich gemäß IFRS 3.67 erfasster latenter Steueransprüche während der Periode.

(d) des Geschäfts- oder Firmenwerts, der in einer gemäß IFRS 5 als „zur Veräußerung gehalten" eingestuften Veräußerungsgruppe enthalten ist, und des Geschäfts- oder Firmenwerts, der während der Periode ausgebucht wurde, ohne vorher zu einer als „zur Veräußerung gehalten" eingestuften Veräußerungsgruppe gehört zu haben.

(e) der Wertminderungsaufwendungen, die während der Periode gemäß IAS 36 erfasst wurden. (IAS 36 verlangt zusätzlich zu dieser Anforderung Angaben über den erzielbaren Betrag und die Wertminderung des Geschäfts- oder Firmenwerts.)

(f) der Nettoumrechnungsdifferenzen, die während der Periode gemäß IAS 21 *The Effects of Changes in Foreign Exchange Rates* entstanden.

(g) aller anderen Veränderungen des Buchwerts während der Periode.

(h) des Bruttobetrags und der kumulierten Wertminderungsaufwendungen zum Ende der Berichtsperiode.

(5) Gewinne oder Verluste in Folge eines Unternehmenszusammenschlusses: IFRS 3.B67(e) verpflichtet den Erwerber zur Angabe und Erläuterung solcher Gewinne oder Verluste, die sich auf im Rahmen eines Unternehmenszusammenschlusses erworbene Vermögenswerte und Schulden beziehen und von solchem Umfang, Art oder Häufigkeit sind, dass die Angabe für das Verständnis des Abschlusses des zusammengeschlossenen Unternehmens erforderlich sind.

172

Die Angaben sind wiederum zunächst für alle wesentlichen Unternehmenszusammenschlüsse zu machen. Zusätzlich besteht die Anhangangabepflicht aber wiederum für Unternehmenszusammenschlüsse, die einzeln betrachtet unwesentlich, zusammen betrachtet jedoch wesentlich sind.[66]

173

Das IASB räumt ein, dass in Einzelfällen die spezifischen Anhangangabepflichten in IFRS 3.B64 und B67, den Informationsbedürfnissen der Bilanzadressaten nicht vollständig gerecht werden können. IFRS 3.63 enthält daher eine **Generalklausel**, die den Erwerber zur Bereitstellung weiterer Angaben verpflichtet, falls dies für das Verständnis für Art und Auswirkung von Unternehmenszusammenschlüssen notwendig ist.[67]

174

VIII. Inkrafttreten und Übergangsvorschriften. Die Neufassung von IFRS 3 ist nach IFRS 3.64 verpflichtend auf Unternehmenszusammenschlüsse anzuwenden, deren Erwerbszeitpunkt zu Beginn der ersten Berichtsperiode oder danach des Geschäftsjahres liegt, das am oder nach dem 1. Juli 2009 beginnt. Stichtag des Unternehmenszusammenschlusses ist gemäß IFRS 3.8 der Zeitpunkt, an dem der Erwerber die Beherrschung über das erworbene Unternehmen erhält. Entspricht das Geschäftsjahr dem Kalenderjahr, bedeutet dies, dass IFRS 3 erstmalig für das Geschäftsjahr 2010 anzuwenden ist.

175

Die **freiwillige frühere Anwendung** der Vorschriften ist zulässig, jedoch auf Geschäftsjahre, die am oder nach dem 30. Juni 2007 beginnen, beschränkt. Die im Rahmen des Projektes zur Überarbeitung der Vorschriften zur Bilanzierung von Unternehmenszusammenschlüssen verabschiedete Neufassung von IAS 27 muss dann ebenfalls früher angewendet werden.[68] Die freiwillige frühere Anwendung der Vorschriften kann beispielsweise empfehlenswert sein, um in den Genuss der einfacheren Regelungen zur Bilanzierung sukzessiver Unternehmenszusammenschlüsse zu kommen. Die Entscheidung zur freiwilligen früheren Anwendung der Vorschriften muss dabei nicht zwingend zu Beginn des Geschäftsjahres erfolgen, sondern kann jederzeit während des Geschäftsjahres getroffen werden. Entscheidet sich das Unternehmen aber für die frühere Anwendung von IFRS 3, müssen alle Unternehmenszusammenschlüsse des Geschäftsjahres nach den neuen Vorschriften bilanziert werden. Dies kann im Einzelfall auch eine Pflicht zur Korrektur bereits veröffentlichter Zwischenberichte bedeuten.[69]

176

Beispiel

Unternehmen A erwirbt im Januar 2009 allen Anteile an Unternehmen B und im Oktober 2009 alle Anteile an Unternehmen C. Geschäftsjahr ist das Kalenderjahr. A darf sich zu jedem Zeitpunkt innerhalb des Geschäftsjahres für die freiwillige frühere Anwendung von IFRS 3 entscheiden. A muss dann aber die neuen Regeln auf beide Unternehmenszusammenschlüsse anwenden. Dies gilt selbst dann, wenn die Entscheidung erst nach Durchführung eines oder beider Unternehmenszusammenschlüsse getroffen wurde.

IFRS 3 ist **prospektiv** anzuwenden. Eine Anpassung im Rahmen von Unternehmenszusammenschlüssen vor Inkrafttreten von IFRS 3 erworbener Vermögenswerte und Schulden ist nicht notwendig, vgl IFRS 3.65.

177

---

66 Vgl *PwC (Hrsg.)* Global Guide to Business Combinations, 309ff; *Deloitte (Hrsg.)* iGAAP, 2045ff.
67 Vgl *PwC (Hrsg.)* Global Guide to Business Combinations, 303; *Ernst & Young (Hrsg.)* International GAAP, 727.
68 Die Beschränkung gilt nicht bei der erstmaligen Aufstellung eines IFRS-Abschlusses gemäß IFRS 1 *First-time Adoption of IFRSs*. Die Vorschriften in IFRS 3 dürfen hier auf alle in der IFRS-Eröffnungsbilanz dargestellten Geschäftsjahre angewendet werden. Vgl IASB Update May 2009, S 5 und Observer Note 13G des IASB Meetings.
69 Vgl IFRIC Update May 2009, 3 und Observer Note 6B der IFRIC Sitzung.

178   Im Folgenden soll darauf eingegangen werden, was der Grundsatz der prospektiven Anwendung von IFRS 3 für die Bilanzierung von Transaktionskosten, bedingten Kaufpreiszahlungen, latenten Steuern und Unternehmenszusammenschlüssen, die außerhalb des Anwendungsbereichs von IFRS 3 alter Fassung lagen, bedeutet.

179   **(1) Transaktionskosten**: Transaktionskosten fallen nicht nur im Erwerbszeitpunkt sondern während des gesamten Transaktionszeitraumes an. Es stellt sich daher die Frage, ob Transaktionskosten, die sich zwar auf einen Unternehmenszusammenschluss mit einem Erwerbszeitpunkt nach Inkrafttreten von IFRS 3 beziehen aber bereits vor Inkrafttreten von IFRS 3 entstanden sind, nach den Vorschriften in IFRS 3 (2004) oder IFRS 3 (2008) bilanziert werden müssen. Das IFRIC stellte in seiner Sitzung im Mai 2009 fest, dass mehr als eine Interpretation des Sachverhaltes möglich ist. Danach kann der Erwerber Transaktionskosten ua entsprechend der Neuregelung in IFRS 3 (2008) direkt als Aufwand verbuchen. Es ist aber auch nicht zu beanstanden, wenn der Erwerber die Transaktionskosten zunächst entsprechend der Regelung in IFRS 3 (2004) aktiviert. Bei Inkrafttreten von IFRS 3 (2008) hat der Erwerber dann die Wahl, die zuvor aktivierten Transaktionskosten entweder aufwandswirksam abzuschreiben oder erfolgsneutral mit dem Eigenkapital zu verrechnen. Das IFRIC hat auf eine abschließende Klärung der Fragestellung verzichtet, da es sich um ein einmaliges Problem beim Übergang auf die neuen Vorschriften handelt, das mittelfristig keine Rolle mehr spielen wird.[70]

Beispiel

Unternehmen A beginnt im Juni 2009 mit den Verhandlungen zum Erwerb aller Anteile an Unternehmen B. Die Verhandlungen gestalten sich schwierig und der Erwerbsvorgang kann erst im März 2010 abgeschlossen werden. A hat ein Methodenwahlrecht zur Bilanzierung von Transaktionskosten, die im Jahr 2009 angefallen sind. Die Transaktionskosten können beispielsweise in 2009 als Aufwand erfasst werden oder als Rechnungsabgrenzungsposten aktiviert werden. Im letzteren Fall besteht für A ein weiteres Wahlrecht den Rechnungsabgrenzungsposten in 2010 aufwandswirksam aufzulösen oder in der Eröffnungsbilanz mit dem Eigenkapital zu verrechnen.

180   **(2) Bedingte Kaufpreiszahlungen**: Laufen vertragliche Vereinbarungen über bedingte Kaufpreiszahlungen von Unternehmenszusammenschlüssen, die nach IFRS 3 (2004) bilanziert wurden, in Geschäftsjahren nach Inkrafttreten von IFRS 3 (2008) weiter, sind nachträgliche Anpassungen der Kaufpreiszahlung nach den Vorschriften in IFRS 3 (2004) und nicht nach IFRS 3 (2008) vorzunehmen. Diese Interpretation ergibt sich unmittelbar aus den Übergangsvorschriften in IFRS 3 (2008). Das IASB hat im Mai 2009 aber zusätzlich eine Klarstellung in den Vorschriften zum Anwendungsbereich von IAS 32, IAS 39 und IFRS 7 beschlossen, da die bedingte Kaufpreiszahlung sonst nach diesen Vorschriften zu bilanzieren wäre.[71]

181   **(3) Latente Steuern**: Die Bilanzierung latenter Steuern bei Unternehmenszusammenschlüssen ist nicht in IFRS 3 sondern in IAS 12 *Income Taxes* geregelt. Erfüllt ein latenter Steueranspruch des erworbenen Unternehmens die Ansatzkriterien zwar nicht im Erwerbszeitpunkt aber an nachfolgenden Abschlussstichtagen, weil sich etwa die Realisationswahrscheinlichkeit eines Verlustvortrages erhöht hat, schrieb die alte Version von IAS 12 außerhalb des Bewertungszeitraums die erfolgswirksame Erfassung des Steuerertrages vor. Zusätzlich war der Buchwert des Geschäfts- oder Firmenwertes auf den Betrag zu verringern, der angesetzt worden wäre, wenn der latente Steueranspruch schon im Rahmen des Unternehmenszusammenschlusses bilanziert worden wäre. Die Verringerung des Nettobuchwertes des Geschäfts- oder Firmenwertes musste als Aufwand erfasst werden. Die im Rahmen des Projektes zur Überarbeitung der Bilanzierung von Unternehmenszusammenschlüssen vorgenommenen Änderungen in IAS 12 erlauben es dem Erwerber wiederum, zunächst die Vorschriften zum Bewertungszeitraum in

---

70 Vgl IFRIC Update May 2009, 3 und Observer Note 6A der IFRIC Sitzung.
71 Vgl IASB Update May 2009, 4 und Observer Note 13C der IASB Sitzung.

IFRS 3 anzuwenden. Danach hat der Erwerber einen Bewertungszeitraum von bis zu einem Jahr zur Ermittlung der endgültigen Wertansätze der Vermögenswerte und Verbindlichkeiten. Bis dahin müssen provisorische Werte verwendet werden, die bei Gewinnung neuer Erkenntnisse unter gleichzeitiger Anpassung des Geschäfts- oder Firmenwertes angepasst werden müssen. Änderungen der Wertansätze latenter Steueransprüche nach Ablauf des Bewertungszeitraums müssen erfolgswirksam erfasst werden. Eine Korrektur des Geschäfts- oder Firmenwertes ist in diesen Fällen nicht zulässig, vgl IAS 12.68 und IFRS 3.68.

IFRS 3 sieht die prospektive Anwendung der Neuregelung vor. Für latente Steuern, die sich aus Unternehmenszusammenschlüssen vor Inkrafttreten der Neuregelung ergeben, bedeutet dies, dass eine Anpassung der Vorperioden nicht erforderlich ist. Der Erwerber muss aber gemäß IFRS 3.67 die neuen Regeln auf die latenten Steueransprüche in Folgeperioden anwenden. 182

(4) Unternehmen auf Gegenseitigkeit: IFRS 3 enthält schließlich besondere Übergangsvorschriften für Unternehmenszusammenschlüsse, bei denen nur Unternehmen auf Gegenseitigkeit (mutual entities) beteiligt sind oder die auf **rein vertraglicher Basis** erfolgen. Diese Unternehmenszusammenschlüsse waren bisher gemäß IFRS 3.3 vom Anwendungsbereich von IFRS 3 ausgenommen. Liegt der Erwerbszeitpunkt vor dem Inkrafttreten von IFRS 3 (2008), dürfen die Einstufung des Unternehmenserwerbes (zB als Erwerb oder als Interessenzusammenführung) sowie die Wertansätze der erworbenen Vermögenswerte und Schulden fortgeführt werden. Insbesondere dürfen auch die Wertansätze des Geschäfts- oder Firmenwertes fortgeführt werden. Eine planmäßige Abschreibung ist künftig jedoch nicht mehr zulässig. Vielmehr erfolgt die Folgebilanzierung unter Anwendung des sog. Impairment-Only Approach, der nur außerordentliche Abschreibungen des Geschäfts- oder Firmenwertes zulässt. Wurde ein Geschäfts- oder Firmenwert in der Vergangenheit nicht aktiviert sondern mit dem Eigenkapital verrechnet, sind keine weiteren Anpassungen erforderlich. Hat der Erwerber zuvor einen passiven Unterschiedsbetrag ausgewiesen, muss dieser mit Inkrafttreten von IFRS 3 (2008) ausgebucht und mit dem Eigenkapital verrechnet werden, vgl IFRS 3.B68 und B69.[72] 183

IX. IFRS für kleine und mittelgroße Unternehmen. Der IFRS-SMEs regelt in Abschnitt 19 *Business Combinations* die Bilanzierung von Unternehmenszusammenschlüssen kleiner oder mittelständischer Unternehmen. Der Abschnitt übernimmt dabei nur zum Teil die Vorschriften in IFRS 3 (2008), während sich ein wesentlicher Teil der Vorschriften weiterhin am Vorgängerstandard IFRS 3 (2004) orientiert. Andere Regelungen sind in keinem der beiden Standards zu finden und stellen individuelle Vereinfachungsregelungen für kleine und mittelgroße Unternehmen dar. 184

IFRS-SMEs Abschnitt 19.1 und 2 regeln den **Anwendungsbereich** der Vorschriften analog zu IFRS 3 (2008). Die Vorschriften müssen also grundsätzlich auf alle Unternehmenszusammenschlüsse angewendet werde. Ausgenommen vom Anwendungsbereich sind jedoch Zusammenschlüsse von Unternehmen oder Geschäftsbetrieben unter gemeinsamer Beherrschung, Joint Ventures und der Erwerb einer Gruppe von Vermögenswerten. Die Vorschriften des IFRS-SMEs Abschnitt 19 müssen auf Zusammenschlüsse von Unternehmen auf Gegenseitigkeit vollumfänglich angewendet werden. 185

Die **Definition** eines Unternehmenszusammenschlusses (business combination) ist IFRS 3 (2004) entnommen. IFRS-SMEs Abschnitt 19.3 definiert einen Unternehmenszusammenschluss ähnlich IFRS 3 (2004) Appendix A als die Zusammenführung von separaten Unternehmen oder Geschäftsbetrieben in ein berichtendes Unternehmen. 186

Auch die Vorschriften zur **Erstkonsolidierung** des erworbenen Unternehmens orientieren sich an den Vorschriften in IFRS 3 (2004), dh anstelle der in IFRS 3 (2008) vorgeschriebenen direkten Bewertung 187

---

72 Vgl zu den Übergangsvorschriften allgemein *Senger/Brune/Diersch/Eprana* Beck'sches IFRS Handbuch, 300ff; *KPMG (Hrsg.)* Handbook Business Combinations, 226f; *Deloitte (Hrsg.)* iGAAP, 2048ff; *Ernst & Young (Hrsg.)* International GAAP, 730ff; *Buschhüter*, IRZ 2009, 297ff.

der erworbenen Vermögenswerte und Schulden erfolgt eine indirekte Bewertung mittels **Kaufpreisallokation**. In einem ersten Schritt muss hierbei der auf die erworbenen Vermögenswerte und Schulden zu verteilende Kaufpreis ermittelt werden. Gemäß IFRS-SMEs Abschnitt 19.11 setzt sich der zu verteilende Kaufpreis aus dem beizulegenden Zeitwert der im Gegenzug für das erworbene Unternehmen ausgegebenen Eigenkapitalinstrumente oder abgegebenen Vermögenswerte bzw. übernommenen Schulden zuzüglich direkt zurechenbarer **Transaktionskosten** zusammen.

188 Vereinbaren Veräußerer und Erwerber **bedingte Kaufpreiszahlungen** (contingent consideration), sieht der Kaufvertrag also Anpassungen des Kaufpreises in Abhängigkeit von zukünftigen Ereignissen vor, gehen diese nach IFRS-SMEs Abschnitt 19.12 und 13 mit einem Schätzwert in die Bemessung der Kaufpreiszahlung ein. Voraussetzung hierfür ist allerdings, dass die Auszahlung der bedingten Kaufpreiszahlung wahrscheinlich ist und verlässlich gemessen werden kann. Spätere Anpassungen des Schätzwertes werden erfolgsneutral mit dem Kaufpreis verrechnet und bedingen in der Regel eine Anpassung des Geschäfts- oder Firmenwertes.

189 Die Vorschriften unterscheiden sich von der Neuregelung in IFRS 3 (2008) in zweierlei Hinsicht:

(a) IFRS 3.53 schreibt in der Regel eine Erfassung unmittelbar dem Unternehmenszusammenschluss zurechenbarer Transaktionskosten im Aufwand vor.

(b) Bedingte Kaufpreiszahlungen werden gemäß IFRS 3.39 im Erwerbszeitpunkt mit dem beizulegenden Zeitwert bewertet. Spätere Wertänderungen werden nach den Vorschriften anderer Standards, wie zB IFRS 9/IAS 39 erfasst. Eine spätere Anpassung der Kaufpreiszahlung und damit des Geschäfts- oder Firmenwertes ist nicht möglich.

190 Die nach den Vorschriften in IFRS-SMEs Abschnitt 19.11-13 ermittelte Kaufpreiszahlung muss in einem zweiten Schritt auf die erworbenen **Vermögenswerte, Schulden und Eventualverbindlichkeiten** aufgeteilt werden. Alle erworbenen materiellen Vermögenswerte und Schulden werden gemäß IFRS-SMEs Abschnitt 19.14 und 15 im Erwerbszeitpunkt mit dem beizulegenden Zeitwert angesetzt, soweit ein Ressourcenzufluss bzw. -abfluss wahrscheinlich ist und der beizulegende Zeitwert zuverlässig ermittelt werden kann. Im Gegensatz hierzu müssen immaterielle Vermögenswerte und Eventualschulden immer schon dann angesetzt werden, wenn der beizulegende Zeitwert verlässlich ermittelt werden kann. Auf die Wahrscheinlichkeit des Ressourcenzuflusses oder -abflusses kommt es nicht an.

191 Im Rahmen eines Unternehmenszusammenschlusses erworbene **immaterielle Vermögenswerte** müssen die Definition eines Vermögenswertes in IFRS-SMEs Abschnitt 18.2 erfüllen. Ein immaterieller Vermögenswert darf also nur angesetzt werden soweit er identifizierbar ist, dh soweit er entweder separierbar ist oder aus einem gesetzlichen oder vertraglichen Recht resultiert. Die Folgebilanzierung der identifizierbaren immateriellen Vermögenswerte richtet sich nach IFRS-SMEs Abschnitt 18 *Intangible Assets other than Goodwill*.

192 Außerhalb eines Unternehmenszusammenschlusses entstandene **Eventualverbindlichkeiten** unterliegen gemäß Paragraph 12 in IFRS-SMEs Abschnitt 21 *Provisions and Contingencies* einem Ansatzverbot. Die besonderen Ansatzvorschriften für in einem Unternehmenszusammenschluss erworbene Eventualverbindlichkeiten machen weitere Vorschriften zur Folgebilanzierung erforderlich, da ansonsten in einem Unternehmenszusammenschlusses erstmalig angesetzte Eventualverbindlichkeiten in Folgeperioden wieder ausgebucht werden müssten, weil die Ansatzkriterien in Abschnitt 21 nicht erfüllt sind. Abschnitt 19.21 schreibt daher vor, dass im Rahmen eines Unternehmenszusammenschlusses angesetzte Eventualverbindlichkeiten in Folgeperioden mit dem höheren der folgenden beiden Beträge angesetzt werden müssen:

(a) dem nach Abschnitt 21 anzusetzenden Betrag und

(b) dem ggf. um Erträge gemäß IFRS-SMEs Abschnitt 23 *Revenues* angepassten im Rahmen des Unternehmenszusammenschlusses angesetzten Betrag.

Unterschiede zur Bilanzierung der erworbenen Vermögenswerte und Schulden nach IFRS 3 (2008) ergeben sich insbesondere aufgrund des höheren Detaillierungsgrades in IFRS 3 (2008), der zahlreiche **Sonderregeln** für einzelne Vermögenswerte und Schulden vorsieht. Inwiefern diese Detailregelungen auch auf Unternehmenszusammenschlüsse kleiner und mittelgroßer Unternehmen angewendet werden können ist derzeit Gegenstand der Fachdiskussion.

Soweit sich eine positive Differenz zwischen der entrichteten Kaufpreiszahlung und dem Wert der erworbenen Vermögenswerte, Schulden und Eventualverbindlichkeiten ergibt, muss diese gemäß IFRS SMEs Abschnitt 19.22 als **Geschäfts- oder Firmenwert** bilanziert werden. Der Geschäfts- oder Firmenwert repräsentiert den künftigen wirtschaftlichen Nutzen aus anderen bei einem Unternehmenszusammenschluss erworbenen wirtschaftlichen Vorteilen, die nicht einzeln identifiziert und separat angesetzt werden.

Die Vorschriften zur erstmaligen Erfassung des Geschäfts- oder Firmenwertes in IFRS-SMEs Abschnitt 19 entsprechen somit bei oberflächlicher Betrachtung den Regelungen in IFRS 3 (2008). Tatsächlich bestehen jedoch wesentliche Unterschiede. Diese ergeben sich aus der unterschiedlichen Vorgehensweise zur Bilanzierung der erworbenen Vermögenswerte und Schulden. Die Ermittlung des Geschäfts- oder Firmenwertes als Residualgröße der Kaufpreisallokation bedingt, dass nur der dem Erwerber zuzurechnende Geschäfts- oder Firmenwert im Rahmen des Unternehmenszusammenschlusses aufgedeckt wird. Im Gegensatz hierzu besteht in IFRS 3 (2008) ein Wahlrecht den gesamten Geschäfts- oder Firmenwert einschließlich des den nicht beherrschenden Gesellschafter zustehenden Anteils aufzudecken.

Der nach IFRS SMEs Abschnitt 19.22 ermittelte Wertansatz muss gemäß IFRS-SMEs Abschnitt 19.23 in Folgeperioden planmäßig abgeschrieben werden. Auf die **Abschreibungen** müssen die Vorschriften in den Paragraphen 19ff von IFRS-SMEs Abschnitt 18 *Intangible Assets and Goodwill* angewendet werden. Die Abschreibungen sollen danach über die voraussichtliche wirtschaftliche Nutzungsdauer des Geschäfts- oder Firmenwerts vorgenommen werden. Sieht sich die Geschäftsleitung nicht in der Lage, eine verlässliche Schätzung vorzunehmen, muss der Geschäfts- oder Firmenwert nach IFRS-SMEs Abschnitt 19.23 über zehn Jahre abgeschrieben werden.

Auf den Geschäfts- oder Firmenwert sind auch die Vorschriften zur **Wertminderung** von Vermögenswerten in IFRS-SMEs Abschnitt 27 *Impairment of Assets* anzuwenden. IFRS-SMEs Abschnitt 27.5 schreibt eine außerordentliche Abschreibung des Geschäfts- oder Firmenwerts vor, wenn der Buchwert über dem erzielbaren Betrag liegt. Der erzielbare Betrag bezeichnet dabei gemäß IFRS-SMEs Abschnitt 27.11 den höheren Wert der beiden Beträge aus dem beizulegenden Zeitwert abzüglich der Verkaufskosten und dem Nutzungswert. Der Nutzungswert entspricht nach IFRS-SMEs Abschnitt 27.15 dem Barwert der künftigen Zahlungsmittelzuflüsse, die mit dem Vermögenswert erzielt werden können.

Die Vorschriften zur Folgebewertung des Geschäfts- oder Firmenwerts im IFRS-SMEs unterscheiden sich von denen in IAS 38, die keine planmäßige Abschreibungen des Geschäfts- oder Firmenwerts vorsehen, so dass hier nur die Vorschriften zur Wertminderung zur Anwendung kommen (sog Impairment-only Approach).

Wenn der Anteil des Erwerbers an der Summe der beizulegenden Zeitwerte der gemäß IFRS-SMEs Abschnitt 19.14 angesetzten identifizierbaren Vermögenswerte, Schulden und Eventualschulden die Anschaffungskosten des Zusammenschlusses übersteigt, ergibt sich ein **negativer Unterschiedsbetrag**. Ähnlich IFRS 3 (2008) schreibt IFRS-SMEs Abschnitt 19.24 die erfolgswirksame Erfassung des negativen Unterschiedsbetrages in der Gewinn- und Verlustrechnung vor, nachdem die Bemessung der Anschaffungskosten sowie Ansatz und Bewertung der übernommenen Vermögenswerte, Schulden und Eventualschulden des erworbenen Unternehmens nochmals kritisch überprüft wurden.

200 **X. Ausblick.** Mit Veröffentlichung der Neufassung von IFRS 3 im Januar 2008 hat der IASB sein Projekt zur Überarbeitung der Bilanzierung von Unternehmenszusammenschlüssen vorläufig abgeschlossen. Doch schon kurz nach dem Veröffentlichungstermin wurde klar, dass zahlreiche Neuregelungen weiterer Klarstellungen und Anwendungshinweise durch IASB und IFRIC bedürfen. Beide Gremien haben sich mittlerweile dieser Aufgabe angenommen. Das IASB hat im Rahmen des 2010 verabschiedeten **Annual Improvements** Standards die folgenden Änderungen in IFRS 3 vorgenommen:

(a) Klarstellung der Behandlung bedingter Kaufpreiszahlungen die vor Inkrafttreten von IFRS 3 (2008) vereinbart wurden. Das IASB untersucht gegenwärtig, ob weitere Änderungen der Vorschriften zur Behandlung bedingter Kaufpreiszahlungen notwendig sind.

(b) Überarbeitung der Regeln zur Bewertung der Anteile nicht beherrschender Gesellschafter. Das IASB untersucht zur Zeit, ob sich aus der Vorschrift ein weiterer Anpassungsbedarf für die Vorschriften zur Ermittlung von Wertminderungen ergibt.

(c) Klarstellung und Erweiterung der Anwendungshinweise zur Behandlung von Aktienoptionsprogrammen im Unternehmenszusammenschluss.

In Folgejahren wurden die folgenden weiteren Anwendungsfragen im Rahmen des Annual Improvements Projektes adressiert:

(a) Die Bilanzierung bedingter Kaupreisforderungen (Annual Improvements Zyklus 2010-2012, vgl Rn 151A)

(b) Die Definition eines Geschäftsbetriebes (Annual Improvements Zyklus 2011-2013, vgl Rn 41A)

(c) Die Freistellung vom Anwendungsbereich des Standards für Joint Venturas (Annual Improvements Zyklus 2011-2013, vgl Rn 15A)

201 Das IASB hat die Behandlung der folgenden Fragen im Rahmen des Annual Improvements Projektes abgelehnt:

(a) Eine Überarbeitung der Definition des Geschäftsbetriebes, vgl Rn 38ff.

(b) Weitere Klarstellungen zur Bilanzierung von im Unternehmenszusammenschluss übernommenen Kundenbeziehungen.

(c) Die Bilanzierung im Rahmen eines Unternehmenszusammenschlusses übernommener bedingter Kaufpreiszahlungen des erworbenen Unternehmens aus vorherigen Unternehmenszusammenschlüssen.

(d) Die Einordnung von Vermögenswerten für Entschädigungsleistungen (indemnification assets) als Bestandteil des Unternehmenszusammenschlusses oder Transaktion außerhalb des Unternehmenszusammenschlusses.

(e) Das Zusammenwirken der Regeln zum Stichtag des Inkrafttretens von IFRS 3 mit den Vorschriften in IFRS 1 *First-time Adoption of International Financial Reporting Standards*.[73]

Das IFRS Interpretation Committee beschäftigt sich zum Redaktionsschluss daneben mit den folgenden Fragestellungen:

(a) Die Bilanzierung sog. Reverse Acquisitions, falls der wirtschaftliche Erwerber nicht die Definition eines Geschäftsbetriebes erfüllt

---

[73] Zum aktuellen Stand des Annual Improvements Projektes vgl http://www.ifrs.org/Current+Projects/IASB+Projects/Annual+Improvements/Annual+Improvements+Process.htm (15. August 2009)

X. Ausblick

(b) Die Klassifizierung vorherbestimmter Transaktionsabläufe als einmaliger Unternehmenserwerb oder Stufenerwerb

(c) Detailfragen zur Abgrenzung von Kaufpreiszahlungen im Rahmen des Unternehmenserwerbs vom laufenden Personalaufwand

Das IASB hat sich zusätzlich zu einer grundlegenden Überprüfung aller Vorschriften in IFRS 3 verpflichtet, sobald das zweite Jahr nach Inkrafttreten des Standards abgelaufen ist (post-implementation review). Das Arbeitsprogramm des IASB sieht derzeit nach einigen Verzögerungen einen Projektbeginn für das Jahr 2013 vor.

202

Das IFRIC hat im Juli 2010 die Erstellung einer **Interpretation zur Bilanzierung von Andienungsrechten auf Anteile nicht beherrschender Gesellschafter** (puts on non-controlling interests) in sein Arbeitsprogramm aufgenommen. Eine Interpretation der folgenden weiteren Fragestellungen wurde durch das IFRIC abgelehnt:

203

(a) Die Behandlung von Transaktionskosten, die vor Inkrafttreten von IFRS 3 angefallen sind.

(b) Einzelfragen zur freiwilligen früheren Anwendung von IFRS 3.[74]

Das IFRS Interpretation Committee hat im Mai 2012 den Interpretationsentwurf IFRIC DI/2012/2 *Put Options Written on Non-controlling Interests* zur Bilanzierung von Andienungsrechten nicht-beherrschender Gesellschafter veröffentlicht, die entsprechend der Vorschriften in IAS 32 als Verbindlichkeiten ausgewiesen werden müssen. Der Entwurf regelt ausschließlich die Folgebewertung der umklassifizierten Anteile nicht beherrschender Gesellschafter und stellt klar, dass die Folgebewertung der Verbindlichkeit zum beizulegenden Zeitwert erfolgswirksam in der Gewinn- und Verlustrechnung vorgenommen werden muss. Die Kommentierungsfrist für den Entwurf endete am 1. Oktober 2012. Mit der Veröffentlichung einer endgültigen Interpretation ist nicht vor Mitte 2013 zu rechnen.

Weitere Änderungen können sich aus anderen Projekten des IASB ergeben. Das IASB hat bereits im Dezember 2007 ein eigenes **Projekt zur Bilanzierung von Zusammenschlüssen von Unternehmen oder Geschäftsbetrieben unter gemeinsamer Beherrschung** ins Leben gerufen, die bisher vom Anwendungsbereich von IFRS 3 ausgenommen sind. Ziel des Projektes ist es, die in Rn 16-31 beschriebenen Regelungslücken zu schließen und verbindliche Regelungen zur Bilanzierung von Zusammenschlüssen von Unternehmens oder Geschäftsbetrieben unter gemeinsamer Beherrschung im Konzernabschluss und separaten Einzelabschluss zu entwickeln. Zusätzlich soll sich das Projekt auch mit den wesensgleichen Fragestellungen bei der Bilanzierung von Spaltungsvorgängen beschäftigen. Das Projekt wurde im Sommer 2008 unterbrochen, um Ressourcen für mit der damaligen Finanzkrise verbundene IASB-Projekte freizusetzen. Mit der Wiederaufnahme des Projektes ist gegenwärtig nicht vor Sommer 2011 zu rechnen.[75] Inzwischen hat EFRAG unter Führung des italienischen Rechnungslegungsgremiums (Organismo Italiano di Contabilitá) ein PAAinE-Projekt zur Erarbeitung der konzeptionellen Grundlagen der Bilanzierung von Zusammenschlüssen von Unternehmen oder Geschäftsbetrieben unter gemeinsamer Beherrschung begonnen. Der Abschlussbericht des PAAinE-Projektes wird in die IASB-Beratungen einfließen.[76]

204

---

74 Zur Arbeit des IFRIC vgl http://www.ifrs.org/Current+Projects/IFRIC+Projects/IFRIC+Projects.htm (15. August 2010).
75 Zum IASB Projekt vgl http://www.ifrs.org/Current+Projects/IASB+Projects/Common+Control+Trans-actions/Common+Control+Transactions.htm (15. August 2010).
76 Vgl Zum PAAinE-Projekt vgl http://www.efrag.org/projects/detail.asp?id=157 (15. August 2010)

Literaturverzeichnis[1]

Adler/Düring/Schmaltz (Hrsg.) Rechnungslegung und Prüfung der Unternehmen, 6. Auflage, Stuttgart 1986

Baetge/Kirsch/Thiele Konzernbilanzen, 7. Auflage, Düsseldorf 2004

Baetge/Wollmert/Kirsch/Oser/Bischof (Hrsg.) Rechnungslegung nach IFRS – Kommentar auf der Grundlage des deutschen Bilanzrechts, (Rechnungslegung nach IFRS), Suttgart, Loseblatt Dezember 2010

Ballwieser/Beine/Hayn/Peemueller/Schruff/Weber Wiley - Handbuch IFRS 2011, Weinheim 2011 (Wiley)

Bieg/Hoßfeld/Kussmaul/Waschbusch Handbuch der Rechnungslegung nach IFRS, Düsseldorf 2006

Bohl/Riese/Schlueter (Hrsg.) Beck'sches IFRS-Handbuch 2. Auflage, München 2006

Buschhüter/Striegel (Hrsg.) Internationale Rechnungslegung – IFRS Praxis, Wiesbaden 2008 (IFRS Praxis)

Busse von Colbe/Ordelheide/Gebhardt/Pellens Konzernabschlüsse, 9. Auflage, Wiesbaden 2009

Deloitte (Hrsg.) Assets held for sale and discontinued Operations, London 2008

Deloitte (Hrsg.) Business combinations and changes in ownership interests, London 2008

Deloitte (Hrsg.) iGAAP - IFRS Reporting in the UK, London 2009 (iGAAP)*

Deloitte LLP (Hrsg.) iGAAP – Financial Instruments: IAS 32, IAS 39, IFRS 7 and IFRS 9 explained, 6. Aufl., London 2009 (iGAAP Financial Instruments)

von Eitzen/Dahlke Bilanzierung von Steuerpositionen nach IFRS - Latente Steuern im Einzel- und Konzernabschluss, Steuerrisiken, Zwischenberichterstattung, Wiesbaden 2008

Ellrott/Förschle/Kozikowski/Winkeljohann (Hrsg.) Beck'scher Bilanzkommentar, 7. Auflage, München 2010

Ernst & Young (Hrsg.) International GAAP, Chichester 2008 (International GAAP)*

Ernst & Young (Hrsg.) Praktische Hinweise zur Umsetzung der Vorschriften des IFRS 8 Operating Segments, London 2007

Gelhausen/Pape/Schruff (Hrsg.) Adler/Düring/Schmaltz: Rechnungslegung nach internationalen Standards, Loseblatt Stuttgart 2007

Handlbauer et al.(Hrsg.) Perspektiven im Strategischen Management: Festschrift anläßlich des 60. Geburtstages von Prof. Hans H. Hinterhuber, Berlin/New York 1998

Hayn/Graf Waldersee IFRS/US-GAAP/HGB im Vergleich - Synoptische Darstellung für den Einzel- und Konzernabschluss, 6. Auflage, Stuttgart 2009

He Joint Venture im Lichte der Theorie der Unternehmung, Herzogenrath 1998

Heuser/Theile/Pawelzik IAS/IFRS Handbuch, 3. Auflage, Köln 2007

Hirschböck/Kerschbaumer/Schurbohm IFRS für Führungskräfte, Wien 2007

---

[1] entnommen aus Buschhüter/Striegel (Hrsg.), Internationale Rechnungslegung – IFRS Kommentar, Wiesbaden 2001

Hommel/Wüstemann Synopse der Rechnungslegung nach HGB und IFRS, München 2006

Keitz Praxis der IASB-Rechnungslegung, 2. Auflage, Stuttgart 2005

Kolvenbach/Sartoris (Hrsg.) Bilanzielle Auslagerung von Pensionsverpflichtungen, Stuttgart, 2004

KMPG (Hrsg.) IFRS a visual approach, London 2008

KPMG (Hrsg.) IFRS compared to US GAAP, London 2008

KPMG (Hrsg.) Insights into IFRS 5. Auflage, London 2008 (Insights)*

KPMG (Hrsg.) Insurance Accounting under IFRS, London 2004

KPMG (Hrsg.) Die Umsetzung von IFRS 4 in den Konzernabschlüssen deutscher Versicherungsunternehmen, Berlin 2004

KPMG (Hrsg.) IFRS aktuell, 1. Auflage., Stuttgart 2004.

KPMG (Hrsg.) First Impressions IFRIC 12, London 2007

KPMG (Hrsg.) Eigenkapital versus Fremdkapital nach IFRS, Stuttgart 2008

Kessler/Sauter (Hrsg.) Handbuch Stock Options: Rechtliche, steuerliche und bilanzielle Darstellung von Mitarbeiterbeteiligungen, München 2003 (Handbuch Stock Options)

Küting/Weber Der Konzernabschluss - Praxis der Konzernrechnungslegung nach HGB und IFRS, 10. Auflage, Stuttgart 2008 (Konzernabschluss)

Kuhn/Scharpf Rechnungslegung von Financial Instruments nach IFRS, 3. Auflage, Stuttgart 2006

Lane, Clark & Peacock LLP (Hrsg.) Accounting for Pensions 2010, London 2010

Lienau Bilanzierung latenter Steuern im Konzernabschluss nach IFRS, Düsseldorf 2006

Lüdenbach/Hoffmann (Hrsg.) Haufe IFRS-Kommentar, 6. Auflage, Freiburg im Breisgau 2008 (Haufe-Kommentar)*

Meyer/Loitz/Linder/Zerwas Latente Steuern, 2. Auflage, Wiesbaden 2010

Nguyen Rechnungslegung von Versicherungsunternehmen, Karlsruhe 2008

Paul Praxishandbuch der Unternehmensbewertung, 4. Auflage, Berlin 2009

Pellens/Fülbier/Gassen/Sellhorn Internationale Rechnungslegung, 7. Auflage, Stuttgart 2008.

Pfaff/Nagel/Wittkowski Lizenzverträge, München 2010

Picot (Hrsg.) Vertragsrecht, Unternehmenskauf und Restrukturierung, 3. Auflage München 2004

Plock Ertragsrealisation nach IFRS, Düsseldorf 2004

Poerschke Die Bilanzierung von zur Veräußerung gehaltenem Vermögen nach IFRS, Düsseldorf 2006.

PwC (Hrsg.) A practical guide to segment reporting, London 2008

PwC (Hrsg.) IFRS Manual of Accounting 2009, London 2008 (IFRS Manual)*

PwC (Hrsg.) Reporting under the new regime: A survey of 2005 IFRS insurance annual reports London 2006

PwC (Hrsg.) Understanding IAS, 3. Auflage, London 2003

Respondek IFRS 5: Die Bilanzierung zur Veräußerung gehaltener Vermögenswerte und aufgegebener Geschäftsbereiche, Hamburg 2009

Rockel/Helten/Loy/Ott/Sauer Versicherungsbilanzen, Stuttgart 2007

Schmotz Pro-forma-Abschlüsse – Herstellung der Vergleichbarkeit von Rechnungslegungsinformationen, Wiesbaden 2004

Siegel/Klein/Schneider/Schwintowsky (Hrsg.) Unternehmungen, Versicherungen und Rechnungswesen: Festschrift zur Vollendung des 65. Lebensjahres von Dieter Rückle, Berlin 2006 (Unternehmungen, Versicherungen und Rechnungswesen)

Thiele/von Keitz/Brücks (Hrsg.) Internationales Bilanzrecht – Rechnungslegung nach IFRS, Bonn, Loseblatt Februar 2008 (Internationales Bilanzrecht)

Vater et al. (Hrsg.) IFRS Änderungskommentar, Stuttgart 2009

Weber/ Lorson/Pfitzer /Kessler/Wirth (Hrsg.) Berichterstattung für den Kapitalmarkt Festschrift für Karlheinz Küting zum 65. Geburtstag, Stuttgart 2008

Winnefeld Bilanzhandbuch, 4. Auflage, München 2006

Zülch/Hendler Bilanzierung nach International Financial Reporting Standards (IFRS), Weinheim 2009 (Bilanzierung nach IFRS)

* Der Autor hat zum Teil aktuellere Auflagen als die hier zitierte verwendet.

MIX
Papier aus verantwortungsvollen Quellen
Paper from responsible sources
FSC® C105338

If you have any concerns about our products,
you can contact us on
ProductSafety@springernature.com

In case Publisher is established outside the EU,
the EU authorized representative is:
**Springer Nature Customer Service Center GmbH
Europaplatz 3, 69115 Heidelberg, Germany**

Printed by Libri Plureos GmbH
in Hamburg, Germany